Prismas do Teatro

Coleção Debates
Dirigida por J. Guinsburg

Equipe de Realização – Revisão de originais: Shizuka Kuchiki; Revisão de provas: Kiel Pimenta e Silvia Cristina Dotta; Produção: Ricardo W. Neves e Raquel Fernandes Abranches.

anatol rosenfeld
PRISMAS DO TEATRO

PERSPECTIVA

Copyright © 1993 by Editora Perspectiva

Dados Internacionais de Catalogação na Publicação (CIP)
(Câmara Brasileira do Livro, SP, Brasil)

Rosenfeld, Anatol, 1912-1973.
Prismas do teatro / Anatol Rosenfeld ;
[organizadores] J. Guinsburg, Abílio Tavares]. --
São Paulo : Perspectiva, 2008. -- (Debates ; 256 /
dirigida por J. Guinsburg)

2ª reimpr. da 1. ed. de 1993.
Bibliografia.
ISBN 978-85-273-0063-3

1. Teatro alemão - História e crítica
I. Guinsburg, J.. II. Tavares, Abílio. III. Título.
IV. Série.

08-07531   CDD-832.09

Índices para catálogo sistemático:
1. Teatro : Literatura alemã : História e
crítica 832.09

1ª edição – 2 ª reimpressão

Direitos reservados à
EDITORA PERSPECTIVA S.A.

Av. Brigadeiro Luís Antônio, 3025
01401-000 – São Paulo – SP – Brasil
Telefax: (0--11) 3885-8388
www.editoraperspectiva.com.br

2008

NOTA DA PRIMEIRA EDIÇÃO

Não é um acontecimento rotineiro: três editoras – a Perspectiva, a da UNICAMP e da USP – se unirem para a publicação de sete livros de um único autor. Mas nem é comum o autor, nem são comuns os livros. O autor é Anatol Rosenfeld, ensaísta, crítico de literatura e de teatro, pensador, mais conferencista do que professor regular, cujos vinte anos de falecimento a publicação desses livros procura rememorar; os sete livros que agora são publicados são inéditos deixados por Rosenfeld, lealmente conservados e criteriosamente editados por seu grande amigo e editor, o Professor Jacó Guinsburg. Não é difícil apontar a importância de tais livros: a própria variedade dos assuntos – desde os mais densamente teóricos, como os que estão em *Texto/Contexto II*, até os históricos que tratam da evolução do Teatro ou os mais ambiciosamente antropológicos, tratando de futebol ou

11

de ritos afro-brasileiros – acrescenta elementos preciosos para uma mais ampla caracterização do intelectual que foi Anatol Rosenfeld. Um intelectual europeu que, a exemplo de alguns raros companheiros de geração, como Paulo Ronai ou Otto Maria Carpeaux, soube fazer da terra brasileira de adoção um cenário profícuo para uma extraordinária presença cultural. Neste sentido, a homenagem que as três editoras agora lhes prestam é a mais justa e a mais adequada: não apenas o acrescentamento de obras inéditas a uma bibliografia já básica na Cultura Brasileira mas o resgate de textos fundamentais que venham enriquecer esta mesma Cultura, propiciando um pensar rigoroso e inventivo sobre temas sempre atuais.

João Alexandre Barbosa
Eduardo Guimarães

NOTA DOS ORGANIZADORES

A preparação deste volume, assim como dos demais que reúnem postumamente os escritos de Anatol H. Rosenfeld, é resultado de uma longa pesquisa, iniciada em 1988, nos arquivos organizados por Nanci Fernandes após a morte do autor em 1973.

Contando já com precedentes que levaram, em anos anteriores, à publicação, por Nanci Fernandes e J. Guinsburg, de coletâneas de trabalhos provenientes do mesmo fundo, como *Teatro Moderno, O Mito e o Herói no Moderno Teatro Brasileiro, Estrutura e Problemas da Obra Literária, O Pensamento Psicológico, Mistificações Literárias*, a presente organização conclui um antigo projeto da Editora Perspectiva – dar acesso ao público leitor à extensa e diversificada contribuição do crítico Anatol H. Rosenfeld, que, tendo de sair da Alemanha hitlerista, se radicou no Brasil no fim dos anos 30. Sua incisi-

13

va e pertinente intervenção no debate cultural em nosso meio se fez através de um sem-número de ensaios, artigos e conferências que focalizavam não só temas em pauta na literatura, nas artes e no pensamento europeus e internacionais, como penetrantes e às vezes surpreendentes abordagens de aspectos e problemas da cultura e da sociedade brasileiras.

Do acervo existente foi possível projetar dez volumes segundo critérios temáticos específicos, três dos quais reservados a contos, poesias, crônicas etc., e outros sete, já concluídos, de caráter ensaístico. Aí estão enfeixados os escritos das sucessivas etapas que o autor percorreu ao longo dos quarenta anos de sua vida no Brasil. São estudos e reflexões sobre filosofia, política, antropologia, estética, literatura, teatro, imprensa, rádio, cinema, opinião pública e propaganda.

Tal é o conjunto que agora vem a público, proporcionando uma visão abrangente do largo espectro versado pela produção interessada, sensível e original deste observador sagaz e analista profundo que foi Anatol H. Rosenfeld.

J. Guinsburg
Abílio Tavares

PRISMAS DO TEATRO

O pensamento teatral de Anatol H. Rosenfeld encontra certamente as suas principais sínteses no livro *Teatro Épico* e em ensaios publicados em *Texto/Contexto I*, como é o caso de seu antológico trabalho "O Fenômeno Teatral".

Contudo, a sua abundante produção nessa área está longe de esgotar a sua essência nas obras acima citadas. O fato de ele lhes ter dado uma forma acabada não exclui a substância de tudo o mais que escreveu sobre o tema. A questão não se reduz a critérios rigorosos, pudores estilísticos ou restrições autocríticas, nem tampouco às condições em que os diversos materiais foram compostos, isto é, se provieram ou não de sua colaboração em jornais, revistas, palestras, aulas e verbetes para enciclopédias. Tudo o que chegou a publicar obedeceu, de

15

um modo geral, às mesmas injunções e uns não foram trabalhos menos encomendados ou realizados profissionalmente do que outros, uma vez que tal era o meio de subsistência do Autor. Poder-se-ia até dizer que a esta exigência, inclusive, talvez se deve a presteza com que pôde dominar estilisticamente a escritura portuguesa. É claro que a outra componente deste fato reside na inegável sensibilidade literária e capacidade intelectual do escritor.

De qualquer modo, os estudos de teatro aqui incluídos oferecem duplo interesse ao leitor de hoje. De um lado, no seu aspecto tópico, que é sempre abordado com ampla erudição e aguda percepção crítica, constituindo, por si, aportes à literatura especializada. De outro, permitem acompanhar, como por uma sucessão de passos, o caminho que levou o Autor a algumas das idéias centrais de seu pensamento sobre o texto e o palco.

Um outro ângulo é constituído por um conjunto de críticas de espetáculos que Anatol H. Rosenfeld publicou na imprensa de 1964 a 1973. O material aí englobado, além de permitir um confronto entre as concepções teóricas expostas na parte anterior e a aplicação de seu pensamento à prática teatral, constitui um testemunho importante sobre um momento rico e inquietante do teatro nacional, podendo servir de valioso ponto de referência para um estudo do movimento cênico da época e de seu ulterior desenvolvimento.

Ambos os segmentos que formam este volume conformam, pois, a presença viva de um mestre em estética e crítica teatral, cujo espírito dialético soube, como poucos, acompanhar e ajuizar o processo das idéias, das obras e das tendências no palco brasileiro.

J. Guinsburg
Abílio Tavares

SUMÁRIO

SOBRE TEATRO 19

1. A Essência do Teatro 21
2. Da Criação do Ator 27
3. A Peça como Expressão Estética 35
4. Tragédia 47
5. Que é *Mise-en-Scène?* 75
6. Aspectos do Teatro Moderno 107
7. Stanislavski sem Método 113
8. O Teatro Documentário 121
9. *Cabaret* 129

SOBRE ESPETÁCULOS (1964-1973) 135

1. *Andorra* no Teatro Oficina 137

2. Navalha na Nossa Carne 143
3. O Teatro Brasileiro Atual 149
4. *O Balcão*, de Garcia 173
5. O Ano Teatral de 1970 179
6. Osman Lins e o Teatro Atual 189
7. Aspectos do Teatro Contemporâneo 199
8. Irracionalismo Epidêmico 207
9. Individualismo e Coletivismo 213
10. Living Theatre e o Grupo Lobo 219
11. Os Demônios do TUCA 227
12. O *Rito do Amor Selvagem* 231
13. "Mais Respeito ao Texto" 237
14. Teatro em Crise 243

SOBRE TEATRO

1. A ESSÊNCIA DO TEATRO

O teatro, longe de ser apenas veículo da peça, instrumento a serviço do autor e da literatura, é uma arte de próprio direito, em função da qual é escrita a peça. Esta, em vez de servir-se do teatro, é ao contrário material dele. O teatro a incorpora como um dos seus elementos. O teatro, portanto, não é literatura, nem veículo dela. É uma arte diversa da literatura. O texto, a peça, literatura enquanto meramente declamados, tornam-se teatro no momento em que são *representados*, no momento, portanto, em que os declamadores, através da *metamorfose*, se transformam em personagens. A base do teatro é a fusão do ator com a personagem, a identificação de um eu com outro eu – fato que marca a passagem de uma arte puramente temporal e auditiva (literatura) ao domínio de uma arte espaço-temporal ou audiovisual. O *status* da palavra modifica-se radicalmente. Na literatura são as palavras que medeiam o mundo imaginário. No teatro são os atores/personagens (seres imaginários) que medeiam a palavra. Na literatura a palavra é a fonte do homem (das personagens). No teatro o homem é a fonte da palavra.

A essência do teatro é, portanto, o ator transformado em personagem. O texto é um bloco de pedra que será enformado pelo ator (diretor). O texto contém apenas virtualmente o que precisa ser atualizado e concretizado pela idéia e forma teatrais. A atualização é a encarnação, a passagem de palavras abstratas e descontínuas para a continuidade sensível, existencial, da presença humana. Ao encarnar o mundo apenas sugerido pelas palavras, ao preencher as lacunas deixadas pelos vocábulos, o ator (diretor) tem de fazer uma escolha radical entre mil possibilidades diversas. Nessa definição, individualização e concretização de conceitos universais, colaboram o diretor, o cenógrafo, o ator e o próprio público. É nesse trabalho que reside a responsabilidade criativa dos representantes do teatro: o texto apresenta apenas um sistema de coordenadas que deve ser preenchido pela música dos movimentos, pelas inflexões da voz, pelas mil nuanças indefiníveis da mímica e do gesto. Isso explica o fato de haver só um texto de *Hamlet* e centenas de Hamlets diversos. O texto deixa indeterminada uma infinidade de momentos. A grande flexibilidade do teatro vivo permite preencher os vãos e vácuos de mil maneiras, conforme a época, a nação, a concepção e o gesto.

A metamorfose, fato fundamental do teatro, é simbolizada pela máscara. A máscara é o símbolo do disfarce. O deus grego da máscara é Dioniso, a cujo culto se atribui a origem do teatro grego. Um coro ritual entoava cantos ditirâmbicos e executava dança em homenagem ao deus da fertilidade, do vinho, da embriaguez e do entusiasmo. É no estado da exaltação, fusão e união mística, do entusiasmo, isto é, do "estar-em-deus" ou do "deus-estar-em-mim" – é neste estado de êxtase (do "estar-fora-de-si") que o crente se transforma em outro ser, se funde não só com os companheiros mas com o próprio deus chamado à presença pelo ritual. Esse êxtase ainda ocorre quando João da Silva ou Maria das Dores põem a máscara, se disfarçam e se transformam em Macbeth ou em Antígona.

Mas esse disfarce é ao mesmo tempo uma revelação. João da Silva precisa encobrir, disfarçar a sua particularidade, seu papel civil ou social de cidadão brasileiro, para assumir o papel do herói, mercê do qual representa exemplarmente a condição humana, as vicissitudes trágicas ou cômicas da existência humana. O disfarce é uma revelação; é preciso encobrir João da Silva para que ele se identifique com Macbeth decifrando o mistério humano. Ao apagar-se o cidadão real, pela máscara, transparece a verdade mais profunda da ficção que se adensa em Édipo ou Fedra.

Todavia, não só o ator se identifica com Édipo. Também o público se funde com ele. Todos participam da metamorfose. Todos vivem intensamente a condição humana, nos seus aspectos trágicos ou cômicos. O grande espetáculo é, ainda hoje, uma celebração festiva. Esquecemos a nossa particularidade de comerciantes, pais, filhos; esquecemos a cotação do dólar e a maldade dos concorrentes. Libertamo-nos da nossa condição particular para participar do destino exemplar dos heróis e para, transformados no outro, vivermos a essência da nossa condição.

Evidentemente, a metamorfose não é real. É apenas simbólica. O processo é imaginário. Nenhum ator sente realmente as dores do martírio no palco. Se de fato as sentisse, estaríamos diante da realidade e não poderíamos permanecer calmamente nas poltronas. Tanto os atores como o público, no mais intenso êxtase do autoesquecimento, mantêm aberto um pequeno olho vigilante, reservando-se uma margem de lucidez e de distância. Se Dioniso é o deus da fusão e do abraço ébrio, Apolo é

23

o deus da distância e da lucidez. O teatro grego, ao unir o canto e a dança, do coro ao diálogo dos atores, uniu o mundo telúrico-demoníaco de Dioniso ao mundo olímpico de Apolo. Nesse sentido, o teatro representa de um modo exemplar esse ser dúplice, composto de natureza e espírito, que é o ser humano.

A partir daí revela-se um novo aspecto da metamorfose. Ela é, de certo modo, a origem do ser humano. O homem, de fato, só se torna homem graças à sua capacidade de separar-se de si mesmo e identificar-se com o outro. Essa faculdade é um dado básico da antropologia. O ator apenas executa de forma radical o que distingue o homem: desempenhar papéis no palco do mundo, na vida social. Como o hábito faz o monge, assim a máscara faz a *persona*. Não é sem razão que o termo grego para ator – *hipocrites* – assumiu o sentido que conhecemos.

Para fundir-me com outro, preciso sair de mim, expandir-me além dos limites do próprio eu. Só assim, separado de mim mesmo, tornando-me objeto de mim, consigo definir-me como Ego e conquistar a autoconsciência. Só ao identificar-me com outrem, conquisto a minha própria identidade. O animal é maciçamente idêntico a si mesmo, não tem a capacidade do *hipocrites* de desempenhar papéis, de libertar-se da sua unidade natural, projetar-se além de si mesmo. É preciso desdobrar-se para conquistar um mundo imaginário, projetar-se além, tomar posse do reino espiritual.

Essa duplicidade eleva o homem além da sua condição natural, através do espírito, da capacidade de expansão ilimitada. Mas, nem por isso, continua um ser natural, finito, limitado. Essa contradição entre a finitude da sua natureza e a expansividade infinita do espírito é a raiz tanto da tragédia como da comédia. Na tragédia participamos do naufrágio do herói, que, embora sendo finito, aspira ao infinito. Mas mesmo no fracasso revela-se a dignidade espiritual do homem. Sentimos exaltada a nossa condição humana na grandeza do herói, na sua liberdade, na sua vontade inquebrantável.

24

Já na comédia ressalta a fragilidade humana. A dignidade é desmascarada. É revelada sua condição precária. Enquanto ser espiritual, o homem traça planos grandiosos; mas por isso mesmo não vê a realidade próxima e cai sobre uma casca de banana. A duplicidade humana é ao mesmo tempo trágica e cômica. Nela residem a grandeza e a fraqueza do homem.

Vemos, pois, que o teatro é uma imagem do homem, não só ao apresentá-la através de figuras particulares como Fedra, Otelo ou Woyzeck, mas também pela sua própria essência. A metamorfose, exemplarmente executada pelo ator, define o homem.

Este texto é a condensação de uma palestra que fiz na Hebraica*, em 3 de setembro de 1966. Proferi esta palestra para inaugurar uma série de cursos dos quais a parte dedicada à extensão cultural, ao que tudo indica, não vingou. Parece-me necessária a análise deste fracasso parcial, que julgo lamentável, pelo departamento cultural do clube. Tenho a convicção de que a atividade teatral amadora de um grande clube como a Hebraica somente tem sentido se à ocupação cênica propriamente dita se ligam atividades culturais mais amplas. O trabalho cênico como tal não ultrapassará o mero divertimento inconseqüente, a serviço de vaidades individuais e encontros galantes, se não se inserir em propósitos mais sérios e amplos, propósitos que de modo algum excluem o divertimento mencionado. O puro prazer no jogo teatral deve permanecer intacto.

O teatro, porém, é uma arte difícil. Não se exige de um teatro amador perfeição. Contudo, na medida em que tenha a veleidade de se dirigir a um público maior – que ultrapasse o círculo dos parentes e amigos –, impõe-se uma dedicação mais séria. Sem trabalho intenso, também devotado à ampliação cultural, mesmo se

* Associação Brasileira A Hebraica de São Paulo.

fosse apenas por razões de disciplina, sem esse empenho o espetáculo amador, destinado a apresentar peças de qualidade, geralmente colherá só o aplauso dos parentes e amigos e o silêncio cortês daqueles que amam o teatro.

Na minha palestra procurei comunicar algo do grande significado do teatro. A festa, o divertimento, fazem parte dele. Entretanto, precisamente o teatro amador, desligado de interesses comerciais, deve impregnar-se daquele sentido mais profundo de celebração de que tentei dar uma idéia na aula inaugural.

2. DA CRIAÇÃO DO ATOR*

É evidente – embora pareça suscitar por vezes dú-. vidas – que o teatro, mesmo quando recorre à literatura dramática como seu substrato fundamental, não pode ser reduzido à literatura, visto ser uma arte de expressão peculiar. No espetáculo já não é a palavra que constitui e medeia o mundo imaginário. É agora, em essência, o ator que, como condição real da personagem fictícia, constitui através dela o mundo imaginário e, como parte deste mundo, a palavra. Contudo, não se trata apenas de uma inversão ontológica. Concomitantemente, o espetáculo, como obra específica, por mais que se ressalte a importância da literatura no teatro literário, passa a ter valor cênico-estético somente quando a palavra funciona

---

* Artigo publicado no Suplemento Literário, *O Estado de S. Paulo*, em 17 de março de 1962.

no espaço, visualmente, através do jogo dos atores. É característico, tanto no sentido ontológico como estético, que os gestos geralmente precedem as palavras correspondentes (ainda que se trate apenas de uma fração de segundos). E a presença sensível daquele que ouve o outro, sem falar, é de grande importância, já que a reação do interlocutor mudo, no palco, se transmite de certo modo à platéia.

O ator, em cuja criação para maior simplicidade se considera incluído o trabalho múltiplo do diretor, "preenche" com dados sensíveis, audiovisuais, o que o contexto verbal da peça dramática necessariamente deixa na relativa abstração das universalias conceituais. Esse preenchimento é um trabalho eminentemente inventivo, visto os dois textos da peça – diálogos e rubricas – deixarem em cada instante larga margem à escolha dos dados sensíveis. A palavra pode celebrar, nunca concretizar o ser individual e singular, somente dado a atos que incluem a percepção imediata. Cada oração abre assim um extenso campo de possibilidades para a plena concretização e atualização audiovisuais do texto. Com efeito, a personagem nele dada não é um ser humano integral, não o é no pleno sentido sensível; é, no melhor dos casos, apenas o complexo do que é literariamente apreensível. O jogo fisionômico, a melodia sonora, o timbre da voz, o crescendo e *diminuendo, accelerando* e *ritardando* da fala e dos gestos, a vitalidade e tensão, os silêncios – tudo quanto distingue a pessoa existente não pode ser definido pela palavra. O texto dramático somente projeta, através da seqüência unidimensional dos significados, o sistema de coordenadas psicofísico, cuja conversão para a tridimensionalidade cabe à cena e ao ator. Parece que foi Coquelin quem disse que uma só palavra deve ser capaz de provocar lágrimas e risos pela mera inflexão da voz do autor.

Assim, a encarnação da palavra pelo ator e pela cena parece ser a "realização" do mundo imaginário projetado pelo texto e, com isso, de certo modo, uma "traição" do jogo imaginativo. No entanto, é óbvio que apenas aos atores e à cena (como mera materialidade) cabe ser real. As personagens e o mundo em que se situam são irreais, imaginários; são "seres puramente intencionais", como ocorre em qualquer outra arte; com a diferença de que a realidade mediadora das pessoas fictícias, em vez de consistir em cores, mármores, sucessão de sons ou sinais tipográficos, é agora a de pessoas; daí surgir a impressão da "realização" do texto. Entretanto, trata-se apenas da atualização e concretização plenas do mundo intencional da peça, sem que em nada lhe seja diminuída sua categoria de imaginação. Se não fosse assim, o espetáculo deixaria de ser arte. Em toda obra artística se associa ao plano real, de um "ser em si", e fundado nele, outro plano, de ordem imaginária, de um "ser apenas para nós", plano esse apreendido pelo apreciador adequado. Assim, na música se funde, na mente do apreciador, com a sucessão físico-acústica dos sons, perfeitamente real, o plano da "duração", isto é, de sínteses e totalidades significativas, cujo ser é irreal e cuja "audição interna" exige uma ação específica do apreciador adequado. O que parece ser um ato único e realmente como tal se impõe é na verdade um tecido complexo de atos que ultrapassam de longe a mera percepção.

Posto isso, é supérfluo acentuar que as personagens do espetáculo, apesar da sua concretização sensível maior do que a do texto, conservam plenamente o caráter de personagens fictícias, em comparação às reais: maior coerência (mesmo quando incoerentes), maior exemplaridade (mesmo quando banais), maior significação e transparência, e maior riqueza – não por ser a personagem mais rica do que a pessoa e sim por causa da concentração, seleção, densidade e estilização do contexto imaginário que reúne os fios dispersos e esfarrapados da realidade num padrão firme e consistente.

Assim, o fenômeno básico do teatro, a metamorfose

do ator em personagem, nunca passa de "representação". O gesto e a voz são reais, são dos atores; mas o que revelam é irreal. O desempenho é real, a ação desempenhada é irreal. Por mais séria que esta seja, a própria seriedade é desempenhada, tendo, pois, caráter lúdico. Visto, porém, que os significados – o mundo revelado pelo desempenho – são aquilo a que se dirige principalmente o raio da intenção do público, ocorre normalmente o fenômeno do aparente "desaparecimento" do ator, que – se não for mau artista ou, por outra, ator brechtiano – se torna "invisível", "transparente" à personagem. Esta, no sentido exato do termo, não é "percebida" (já que é mera ficção); é apreendida por atos espontâneos da imaginação dos espectadores, que, em virtude desses mesmos atos que visam às personagens e não aos atores, passam a atribuir àquelas e não a estes os gestos e palavras reais. Assim, a entidade constitutiva dos gestos e palavras passa a ser a personagem "fundada" no ator.

De qualquer modo, por mais íntimas que sejam a fusão e identificação entre a realidade sensível do ator e a irrealidade imaginária da personagem, a metamorfose nunca ultrapassa o plano simbólico. O fato de seres humanos (em vez de cores ou outros materiais) encarnarem seres humanos é um dado básico da antropologia, estudado por inúmeros pensadores, desde George Mead e Huizinga a Plessner e Sartre. O ator apenas executa de forma exemplar e radical o que é característica fundamental do homem: desempenhar papéis no palco do mundo, na vida social. Que a máscara faz a *persona* como o hábito o monge é assinalado de mil maneiras pela língua, e G. van der Leeuw afirma que "a filosofia dos trajes é a filosofia do homem. No traje reside toda a antropologia". Quem perde seu traje, ficando desnudo, perde sua face, seu Ego. O ator, ao disfarçar-se, revela a essência do homem: a distância em face de si mesmo que lhe permite desempenhar os papéis de outros seres humanos. O homem – disse Mead – tem de "sair" de si para chegar a si mesmo, para adquirir um Eu próprio. E ele o faz tomando o lugar do "outro". Segundo Nicolai Hartmann, é somente no expandir-se e autoperder-se que a pessoa se encontra a si mesma, e somente na identificação consigo mesma ela é uma estrutura capaz de expansão, isto é, um ser espiritual. A autoconsciência pressupõe não-identidade e identidade ao mesmo tempo; a identificação pressupõe a distância. No momento em que o homem se descobre, ele está além de si mesmo. Conquistando esta *présence à soi*, a pessoa se desdobra, se reflete, se fragmenta; é livre, não coincide consigo.

A capacidade de cindir-se é exercida pelo homem nas suas atividades especializadas cotidianas, ao isolar de si mesmo o "pedaço" envolvido na ocupação. No ator, contudo, esse fragmento abrange todo o corpo e toda a vida interior, que se tornam materiais da sua arte; ele se cinde, a si, em si mesmo, mas permanece, ainda assim, aquém da fissura. Trata-se de uma entrega controlada, o "pequeno olho vigilante" permanece aberto e fiscaliza a *criação imaginária* que é identificação, não-identidade.

A extrema complexidade dos problemas envolvidos desafia qualquer sondagem. Nem o equipamento conceitual usado nos famosos escritos de Diderot ou Coquelin, nem o dos seus adversários "emocionais", está à altura das dificuldades. Em termos lógicos, os gestos, a mímica e o jogo vocal, através dos quais o ator exprime a emoção, nunca chegam a ser *sinais* de estados ou atos internos reais, isto é, "sintomas" que anunciem tais estados e atos. Permanecem expressão das *imagens* desses processos íntimos, isto é, *símbolos*. Têm, portanto, caráter "semântico" e não sintomático. É precisamente essa intercalação do mundo simbólico e imaginário que permite ao homem distanciar-se de si mesmo, conquistar a autoconsciência e, desse modo, desempenhar papéis, dar forma à sua atuação.

Todavia, as expressões físicas e vocais – ao contrário das palavras que são quase sempre símbolos – costumam ser, pelo menos na vida real, sinais imediatos da realidade (psíquica). Daí a grande força expressiva dos gestos e inflexões da voz. Essa força não se perde no desempenho cênico, embora o sinal passe agora a funcionar como símbolo. E essa intensidade expressiva retroage sobre o próprio ator. Verifica-se uma indução psicofísica, a mútua intensificação dos movimentos físicos e psíquicos desencadeada pela imaginação, a ponto de a imagem da emoção se revestir de toda a aparência da emoção real. A imagem assume formalmente os aspectos dinâmicos da realidade, sem, contudo, adquirir seu "peso material". Cabe, mesmo ao ator emocional, manter-se no limiar da "realização", sem nunca ultrapassá-lo. Se o ultrapassasse, o desempenho passaria a ser auto-expressão, sintoma de emoções reais. Tornar-se-ia, portanto, mera reação involuntária, "instintiva". Como tal, não possuiria espontaneidade real, ativa, não pertenceria ao reino da arte e do espírito. O desempenho como articulação simbólica ou linguagem, como obra, enfim, tem estrutura teleológica, nexo que é alheio aos movimentos que são sinais. Estes traem o que os símbolos comunicam. Enquanto estes articulam e formulam a emoção, os sinais fazem parte dela. Mas talvez não se deva negar o momento excepcional em que o grande ator, pelo menos em determinada fase da elaboração do papel, supera a dicotomia e alcança um ponto em que liberdade e necessidade coincidem.

Seja como for, o desempenho do ator é uma criação imaginária, espiritual, como a de todo artista. Dentro do sistema de coordenadas esboçado pelo dramaturgo abre-se-lhe um vasto campo de elaboração ficcional para articular e compor as formas simbólicas dos gestos e inflexões vocais, para ritmizar, selecionar, estilizar e distribuir os traços e acentos psicofísicos, cuja melodia integral constituirá a personagem. Não importa se a imagem total se lhe compõe pouco a pouco a partir de pormenores, estes últimos refundidos depois a partir dela, ou se de uma intuição prévia da imagem decorrerá desde logo o conjunto de detalhes.

De qualquer modo, a personagem não "viverá" sem a síntese ativa, produto da espontaneidade livre (para citar a definição clássica da imaginação, ainda repetida por Sartre), porque sem ela o ator não terá a imagem integral da personagem e, assim, não poderá fundir-se com esta, nem tampouco distanciar-se dela, se atuar numa peça de Brecht.

O ator, portanto, não é garçom. Participa do preparo do prato. A melhor prova disso é o fato de que quatro grandes atores, mesmo interpretando lealmente o texto, criam quatro personagens profundamente diversas ao representarem o mesmo Hamlet literário.

O problema que se levanta é: de onde, afinal, tira o ator a imagem humana *concreta* de que o autor apenas lhe pode propor o sistema de coordenadas? É de supor-se que, guiado por este, submerja numa realidade fundamental, análoga àquela que originalmente inspirou o autor. O texto projeta um mundo imaginário de pessoas e situações que sugere ao ator certa realidade humana que lhe é acessível mercê da sua experiência externa e interna e conforme o próprio nível e riqueza espirituais. À base disso verifica-se o ato criativo: a reconversão da experiência humana, de certo modo da própria realidade íntima, em imagem, em síntese, em *Gestalt* que possibilite a composição simbólica em termos de uma arte diversa daquela do autor. Já não se tratará de encontrar as palavras que constituam a imagem vislumbrada pelo poeta e sim de compor com o material do próprio corpo a imagem de uma pessoa, que seja capaz de proferir essas palavras ou, melhor, de que tais palavras, em tais situações, defluam com necessidade. Ao fim, a imagem será dele, ator (e diretor) – transfiguração espontânea, imagem da própria experiência e das próprias virtualidades, dentro das coordenadas propostas pela peça. Não se tratará, evidentemente, da auto-expressão biográfica ou psíquica

33

do ator, como a peça não é a do autor. Mas será a formulação simbólica, a transposição imaginária das próprias e, portanto, das potencialidades humanas, que são de todos nós, como seres humanos, e de que todos nós podemos participar. No fundo, o grande ator não tem modelo; o texto da peça não o fornece. A "pessoa" que coloca diante de nós e cujo destino podemos viver intensamente graças à identificação, mas que, ao mesmo tempo, podemos contemplar à distância estética, pelo fato de a identificação ser apenas simbólica – essa "pessoa" o grande ator não a encontrou em parte nenhuma, a não ser dentro de si mesmo. Disfarçando-se, ele se revela, revelando as virtualidades humanas. Demonstra assim que o ator é o homem menor capaz de disfarçar-se, em virtude da "porosidade" do seu corpo à vida íntima. E, revelando-se, revela duplamente a humanidade: através da *imagem específica* que, inspirado pelo autor, dela apresenta; e através do mero fato de apresentar esta imagem específica *representando*. Ao distanciar-se de si mesmo, celebra o ritual da identificação com a imagem do outro, isto é, do seu tornar-se ser humano. Convida-nos a participar dessa celebração; incita-nos a sair de nós, através da identificação com o outro, para reencontrar-nos mais amplos, mais ricos e mais definidos ao voltarmos a nós mesmos.

3. A PEÇA COMO EXPRESSÃO ESTÉTICA

3.1. Literatura e Teatro

A peça teatral, considerada literatura, é um dos elementos mais importantes do teatro; todavia, não o constitui, não lhe é condição indispensável. O fenômeno fundamental do teatro é a metamorfose, o *mimus*, nada de literário, portanto. Há formas de teatro − e de grande teatro − que não se apóiam em textos fixos e há teatro que nem sequer recorre à palavra. Existem textos que, de tão insignificantes, não constam da história da literatura, mas, ainda assim, revelam ser boas "partituras" para a representação teatral. E há, de outro lado, textos dramáticos de altíssimo nível literário − os chamados dramas de leitura − que resultam sem valor teatral. As relações entre palco e literatura são complexas. Não é possível

35

reduzir o teatro à literatura, como tendem a fazer alguns autores.

Em termos ontológicos, a diferença é profunda. A camada real – isto é, perceptível – da literatura escrita é dada pelos sinais tipográficos. Estes, contudo, sendo convencionais, geralmente não têm vida própria, a não ser que se trate de poesia concreta em que se atribui valor estético à distribuição espacial dos sinais tipográficos. O que, de fato, "funda" a literatura são as sonoridades das palavras e orações que, quando a obra é lida, são "codadas" (apreendidas com o "ouvido interior"), e diretamente dadas quando ela é recitada. Por isso, a literatura costuma ser classificada como arte auditiva. No entanto, o que de fato "constitui" a literatura são as unidades significativas projetadas pelas orações. Através delas e dos seus contextos objetuais se manifestam as camadas mais profundas da obra – o mundo imaginário de um romance, poema ou peça. Esse mundo revela-nos, por sua vez, aspectos essenciais da vida humana e do universo, interpretações significativas da realidade, em termos tais que não apenas contemplamos ou apreendemos intelectualmente mas sim também vivemos, com participação emocional, as vidas, situações e realidades fictícias.

Bem diversa é a estrutura ontológica de uma representação teatral. Enquanto na obra literária as personagens (e o mundo imaginário em que se encontram inseridas) dependem das palavras, no teatro as palavras dependem das personagens. Já não são as palavras à base das quais se constituem as personagens, mas estas que constituem aquelas. A realidade perceptível cabe, no caso, não a sinais tipográficos. Nem tampouco são as orações a camada fundante, mas sim os atores e a cena. Através dos atores e da cena transparece, de imediato, o mundo imaginário (e os planos mais profundos). O mundo imaginário apresenta-se, portanto, na literatura de modo muito mais indireto, através da mediação de fonemas, orações, unidades significativas, contextos obje-

36

tuais, esquemas lingüísticos preparados para suscitar o preenchimento por parte da imaginação do leitor. Na representação teatral o mundo imaginário apresenta-se quase diretamente. Convém dizer "quase", pois o que se percebe no sentido exato são os atores e cenários. No entanto, há uma autotranscendência imediata da percepção para atos de apreensão do mundo imaginário, de modo que este parece ser um dado imediato. É somente no contexto desse mundo imaginário que surge a palavra, que funciona, agora, como na literatura (fonemas, orações, unidades significativas etc.), mas de modo bem mais expressivo, já que é apoiada pela mímica e pela "música dos movimentos" do ator, inseridas no espaço cênico. A palavra contribui em seguida para definir, ampliar e enriquecer o mundo imaginário já constituído e dado à visão. Por isso, os gregos consideravam o teatro – como diz o próprio termo – uma arte visual, mas seria mais correto falar de arte audiovisual. O fato de no teatro – como na realidade – não serem as palavras que "fazem" as personagens, mas estas que fazem as palavras, dá ao espetáculo o poder de "presença existencial" – concreta, individual e sensível – que se traduz, geralmente, numa participação e vivência emocionais bem mais intensas do público do que as do leitor de textos literários.

Posta a relativa autonomia e peculiaridade da arte teatral nesses termos muito resumidos, não se nega, evidentemente, a importância da peça como obra literária. Vista do teatro, ela é apenas um elemento entre outros. Visto da literatura, o teatro é apenas um meio de atualização e interpretação. As representações, infinitamente variáveis e nunca idênticas, gravitam em torno da peça, que é sempre a mesma, e a qualidade daquelas depende em alto grau da sua adequação a esta, isto é, da força e riqueza com que conseguem concretizar e interpretar-lhe o espírito (se é que o tem). De outro lado, a peça corresponderá tanto mais ao seu gênero literário – o dramático – quanto mais se prestar à atualização teatral, quanto mais, por assim dizer, clamar pelo palco. Poder-se-ia dizer que o drama somente corresponde ao seu gênero literário na medida em que não se satisfaz em ser gênero literário, na medida em que extravasa da literatura.

3.2. Os Gêneros Literários

A classificação em gêneros tem a sua raiz em Platão (e depois em Aristóteles). No terceiro livro da *República* encontramos a observação de que existem três tipos de obras literárias. Sua descrição coincide, em essência, com os gêneros lírico, épico e dramático.

Por mais que a teoria dos três gêneros, categorias ou arquétipos literários tenha sido combatida – entre outros por Benedetto Croce –, mantém-se, em essência, inabalada. São numerosas e divergentes as tentativas para interpretar os três gêneros como expressões estéticas de atitudes humanas fundamentais em face da realidade. Ainda assim, e apesar de se reconhecerem as flutuações históricas, há uma certa unanimidade em considerar o gênero lírico o mais subjetivo, pressuposto que se cuide de não confundir a subjetividade que se exprime (o Eu lírico) com a subjetividade biográfica do poeta. A essência da expressão lírica é a fusão entre Eu e Mundo; não há distância entre sujeito e objeto. Uma e a mesma atmosfera envolve, de modo indiferenciado, alma e universo. O gênero épico é mais objetivo. O Eu épico (o foco narrativo), embora faça parte do mundo imaginário, encontra-se nitidamente *em face* do mundo narrado. Há – excetuando-se certos tipos de romance moderno – acentuada distância entre o narrador e o mundo narrado, embora este se afigure ainda filtrado através da visão seletiva do narrador. O gênero dramático se apresenta como o mais objetivo. O mundo fictício é proposto como inteiramente emancipado de qualquer subjetividade. Nenhum Eu lírico ou épico se interpõe. A ficção se apresenta como absoluta e autônoma, pelo menos no "drama rigoroso".

Segundo a antiga tripartição da alma humana – igualmente de Platão – tentou-se muitas vezes associar o gênero lírico ao sentimento, o épico ao pensamento e o dramático à vontade (trata-se naturalmente sempre de preponderâncias). Cada um dos gêneros exprimiria assim, em termos estéticos, uma das faculdades psíquicas do homem. Outros atribuem aos gêneros uma relação específica com os três "êxtases do tempo existencial". O lugar da emoção lírica seria, por exemplo, o eterno momento presente; o acontecimento épico se desenvolveria a partir do passado; quanto à ação dramática, manifestar-se-ia na tensão para o futuro. Em termos gramaticais, corresponde ao lírico o Eu, ao épico a terceira pessoa (ele, ela, isto aí), ao dramático o Tu. No tocante às funções lingüísticas, corresponde ao lírico a expressiva, ao épico a representativa (demonstrativa) e ao dramático a expressiva e, principalmente, a interpelativa (mútua influência das personagens; face ao público, prevalece a função representativa). W. Kayser explica as diferenças com felicidade ao verificar que a interjeição *"Ai!"* é, por assim dizer, a essência do lírico, graças ao seu caráter expressivo. Já num apelo ou numa exclamação intencional – "Deves fazer isso!" –, pode-se ver a célula embrionária do dramático. No gesto do "Eis aí" encontramos o núcleo do épico.

Vê-se, de imediato, que em cada um dos gêneros parecem prevalecer determinadas atitudes fundamentais. Trata-se, evidentemente, só de preponderâncias: evita-se hoje a "substantivação" rígida dos gêneros, como se fossem compartimentos estanques. Prefere-se o uso adjetivo, designando assim apenas traços estilísticos essenciais. Há muitas obras que fazem parte da "lírica", mas que têm fortes traços épicos ou dramáticos. E há muitos dramas que são mais líricos ou épicos do que "dramáticos". Em geral, porém, o significado adjetivo tende a

39

aproximar-se do substantivo e tanto nos diversos gêneros como nos diversos traços estilísticos essenciais exprimem-se diversas virtualidades fundamentais do ser humano.

3.3. O Drama Rigoroso

Parece, portanto, que o drama e o dramático são expressões estéticas de uma visão peculiar do homem e do mundo. O gênero dramático, como foi exposto, é o mais objetivo, já que seu mundo imaginário se apresenta diretamente sem mediação. Essa falta de mediação é essencial ao drama rigoroso. Precisamente mercê dessa ausência do intermediário épico – que introduz na estrutura do épico certa objetividade e distância, ao menos a do pretérito –, o gênero dramático se afigura como o mais imediato, de atualidade mais viva (voz do presente) e, de certa forma, mais "subjetivo", visto serem as próprias personagens que se manifestam.

Ao fato de no palco a personagem constituir a língua (e não esta a personagem) corresponde na peça o curioso fenômeno de a personagem, produzindo a língua, se produzir a si mesma ou as personagens se produzirem mutuamente no diálogo, já que na peça rigorosa não há nenhum narrador que pudesse produzi-las num *medium* lingüístico exterior a elas (a rubrica, as indicações cênicas, que no romance são, por assim dizer, o texto principal, tornam-se inteiramente secundárias, mormente no drama rigoroso).

O "tipo ideal" da peça rigorosa, que encarnaria o drama na sua pureza absoluta, seria constituído inteiramente por um diálogo sem elemento narrativo e lírico. No diálogo, entendido assim, raramente se trata de mera comunicação. Acrescenta-se um fato bem mais vital, a necessidade de influir, agora, no Tu do antagonista. O discurso dramático, que prepara para a decisão ou leva a ela, é uma forma de ação; no fundo, tem somente significado enquanto fonte de futuro, expressão da vontade. A própria concisão do gênero impede a tranqüilidade e o repouso épicos. Assim, o diálogo dramático é expressão do "homem tenso", sempre projetado para o futuro. O diálogo é a arquiforma de toda a dialética, é contradição e síntese ao mesmo tempo. A dialética do diálogo, que leva a decisões e ações, empurra o movimento dramático, pela contradição e pelo choque, rumo ao futuro, à meta ulterior. A própria estrutura do drama é, portanto, expressão do homem "pre-ocupado" (mesmo na comédia, embora nela raramente se realize o "tipo ideal" do dramático), do homem que vive no limiar entre cisão e decisão, em situações de conflito capazes de produzirem o diálogo. De fato é, porém, o diálogo que "produz" ou pelo menos revela a situação, já que na peça rigorosa existe só diálogo. E como o diálogo é dialético, a situação – e o mundo que nela é dado – forçosamente tende a uma constelação dramática. O diálogo cria um universo de valores que através do conflito e do duelo verbal – em contexto mais trágico ou mais cômico – procura chegar ao equilíbrio.

Do próprio gênero decorre o lugar central da pessoa. No gênero lírico, ela não surge como figura destacada, mas em fusão com o mundo. No épico, já aparece nítida, mas inserida dentro do mundo narrado que a envolve de todos os lados. Na peça rigorosa ela como que se destaca do resto, livre e autônoma. Naturalmente, ela "está em situação", e a situação contém a sociedade e o mundo. Mas nas formas dramáticas mais puras, todo o exterior é colocado, por assim dizer, para dentro da consciência das personagens; é reduzido ao diálogo. Mesmo a encarnação cênica (que substitui a narração) é, no drama rigoroso, extremamente rarefeita e catalisada. É tênue plano de fundo, mero "nalgures", lugar e tempo situados em parte nenhuma. Assim, o drama puro parece atribuir à pessoa humana uma posição privilegiada, de autonomia quase absoluta.

41

3.4. Dois Tipos de Drama

É evidente que o drama puro – que é um tipo ideal no sentido de Max Weber – não existe empiricamente, tampouco como existe o poema lírico absoluto ou a obra épica despida de todos os elementos líricos ou dramáticos. A pureza absoluta é estéril. Há apenas aproximações. No entanto, face ao drama rigoroso ou "fechado" e "tectônico", de tendência mais ou menos aristotélica (Corneille, Racine, Goethe e Schiller, na fase madura etc.), existem aproximações maiores ou menores a outro "tipo ideal", que a poética chama de "aberto" ou "atectônico". Nele há, em geral, certa tendência épica. Em vez da ação una, verifica-se a reunião de várias "faixas" de ação (com freqüência, uma coletiva, outra privada); é concedida maior autonomia aos elementos impessoais, anônimos ou não-humanos da natureza ou do transcendente (Shakespeare, Büchner, Claudel, Wilder, Brecht etc.). Também a forma aberta, embora atectônica (mais "barroca") tem uma composição estética sólida, em si coerente (que o espaço não permite analisar).

Sem que se queira estabelecer uma lei, pode-se dizer que a ambos os tipos costumam corresponder tendências divergentes de conceber o homem e sua posição no universo. No drama fechado, tende a acentuar-se certo antropocentrismo e individualismo, devidos ao destaque extraordinário dado à autonomia da pessoa humana, mesmo quando ela se defronta com a transcendência que a destrói. No drama aberto, tendem a acentuar-se, em maior grau, poderes metafísicos (teocentrismo) ou, dentro de uma visão mais imanentista, os poderes impessoais da sociedade ou da natureza que envolvem, determinam e esmagam a pessoa humana.

O desenvolvimento do drama grego é, nesse sentido, exemplar. Seu surto ocorreu séculos depois da fase "épica", e sua evolução corresponde à emancipação do elemento dramático (diálogo) em detrimento dos elementos rituais e lírico-épicos (coro). Esse processo reflete perfeitamente a emancipação do indivíduo e o crescente antropocentrismo na época dos sofistas. Não admira que no mesmo período tenha surgido a perspectiva pictórica entre os gregos, como manifestação de um individualismo acentuado: o mundo é projetado a partir da visão do indivíduo focalizador. No drama grego, de fato, acentua-se, pouco a pouco, a tendência de projetar o universo, a fatalidade e os deuses a partir da perspectiva das personagens.

A Idade Média restringe a autonomia do indivíduo, inserindo-o no plano universal da queda e redenção. Num universo teocêntrico, a projeção do mundo a partir do homem é impensável; isso se exprime no abandono da perspectiva pictórica e no cunho pouco dramático do mistério medieval. A gravitação universal é exterior ao homem, seu destino é, desde sempre, traçado no plano divino. Em Deus não há antes e depois; a irrupção da eternidade no tempo histórico (que pelo menos torna possível a peça épica) é um "paradoxo". No *Jenystère d'Adam* (século XII), o próprio Adão diz no desespero do pecado que ninguém o amparará senão "o filho que nascerá de Maria", isto é, o próprio Adão já conhece de antemão a história cristã universal. A expressão cênica perfeita dessa intemporalidade é o palco simultâneo que demonstra a ausência daquela "tensão para o futuro", tão essencial ao drama rigoroso. Como no teatro de Brecht, os atores, longe de se identificarem com os papéis, apenas os "figuravam" ou ilustravam através de um cânon de gestos simbólicos, fato que é também demonstrado pela presença constante deles no palco, mesmo quando não participavam da "ação".

O drama fechado mais rigoroso, inteiramente baseado no diálogo, iria surgir no Renascimento, numa época em que de novo se acentua a emancipação do indivíduo e, com ela, surge a perspectiva moderna (central), acompanhada de uma visão cada vez mais antropocêntrica. O drama de classicismo francês conhece somente o que pode refletir-se no *medium* da dialética dialógica. No fundo só existe o que é capaz de entrar nesse diálogo extremamente articulado e estilizado. O mundo é reduzido, por inteiro, ao duelo verbal entre protagonista e antagonista. Na medida em que a natureza, a massa anônima, as coisas se manifestam no contexto do verbo nobre e requintado, eles não têm valor próprio, não criam espaços coloridos e variegados em que o homem esteja inserido ou de que dependa. Servem somente para caracterizar melhor a personagem majestosa. São projeções de determinadas qualidades suas.

Quando, porém, o drama deseja integrar a amplitude do mundo e a variedade das camadas populares (em vez de restringir-se a um recorte rarefeito da alta sociedade), é forçado a "abrir-se", tornar-se atectônico, mais épico. As massas e coisas anônimas, as convenções impessoais, a pressão do espírito alienado desmentem o diálogo interpessoal no momento em que são concebidos como fatores importantes, isto é, quando se tornam foco de interesse e problema básico. O próprio tema passa então a desautorizar o diálogo como base constitutiva do drama, e a estrutura da peça tem de tornar-se atectônica, abrindo-se ao mundo. Só assim, em vez de se falar *sobre* o mundo, este começa a falar por si mesmo, através do narrador, de multidões, cartazes, projeções, coros, mediante a sucessão múltipla de cenas breves, a atmosfera colorida e a amplitude de espaço e tempo. Esse mesmo cunho épico (ou lírico) impõe-se também através da estrutura monológica, no drama que acentua a solidão humana. Na medida em que o contato humano (mesmo antagônico) e a comunicação se tornam precários, afetando a possibilidade do diálogo como expressão da relação interpessoal, o recurso a estruturas abertas se torna impositivo. Isso se nota na própria função da palavra. O diálogo, já nas peças do Tchecov, tende a uma função muito mais expressiva e representativa do que interpelativa, fato que revela o caráter lírico-épico das suas peças.

A impossibilidade de reduzir a visão atual do mundo ao diálogo dramático rigoroso, ou seja, à pura relação interpessoal – que se tornou temática, isto é, problemática –, impõe o emprego de formas mais abertas. Daí a introdução do narrador, o aproveitamento amplo de recursos cênicos, o uso intenso da mímica e da pantomima. Preenchem-se assim as lacunas de um diálogo muito menos "puro" e muitas vezes quase inarticulado. No palco aparecem mudos, surdos, loucos, pessoas "brutas", sem capacidade de dialogar. Procura-se exprimir o inconsciente, isto é, o infrapessoal, não acessível ao diálogo; o coletivo, isto é, o não-pessoal ou o mito, isto é, o suprapessoal. Em todos esses casos, o diálogo é desautorizado, e ele o é também quando se quer significar que o diálogo cessou ou se tornou clichê. Daí o freqüente recurso à citação, ou seja, à paródia: o próprio diálogo ridiculariza o diálogo. O drama se põe a si mesmo em dúvida (pelo menos suas convenções tradicionais); e ainda isso se torna drama (Pirandello). Mas ao pôr-se em dúvida, como estrutura fechada e rígida, e ao abrir-se ao épico e lírico, revela que duvida da própria posição absoluta do homem – o que também se evidencia, mais uma vez, no abandono da perspectiva pictórica; e que duvida do indivíduo racional e articulado. Na crise do diálogo reflete-se uma crise muito mais ampla. O drama moderno, aberto, assimilou essa crise na sua própria estrutura.

45

4. TRAGÉDIA

4.1. Origens

É julgado assente que a tragédia tem sua origem na Grécia, embora vários tipos de jogos dramáticos tenham surgido antes em outros países. Ela passou por várias fases primitivas no século VI e alcançou sua forma clássica no século V a.C., com as obras de Ésquilo, Sófocles e Eurípides. Há muitas hipóteses divergentes a respeito de como se devem conceber os passos iniciais desse gênero dramático. A palavra tragédia (τραγωδία), composta de *tragos* e *ode*, isto é, canto de bode ou canto pelo bode (como prêmio) ou ainda canto por motivo do holocausto de um bode, liga a tragédia, qualquer que seja a interpretação adotada, aos sátiros (*satyros* ou silenos, espécie de demônios silvestres peludos chifrudos, de barbicha, com

47

características de homens, bodes e cavalos, mas chamados "bodes" devido à sua impetuosidade sexual. Tais entes faziam parte do séquito bacântico de Dioniso. Daí a tese geralmente aceita, aliás baseada nas afirmações de Aristóteles, de que a tragédia se originou de um ritual dedicado ao deus do vinho e da fertilidade. Como muitos deuses que representam as forças vitais da natureza, Dioniso, despedaçado, morre no outono e ressurge na primavera. Explicam-se assim tanto os aspectos alegres e cômicos (comédia) como os tristes e trágicos nos rituais a ele devotados.

Ainda segundo a tese de Aristóteles (bastante questionada), a tragédia é o resultado de um processo de transformação, cujo ponto de partida teriam sido pequenos "autos de sátiros". Embora burlescas, tais farsas bucólicas nada têm a ver com a comédia e tampouco com a sátira, termo latino que ainda hoje define o conhecido gênero literário sarcástico-polêmico. Esses autos teriam sido em seguida decantados do seu teor sensual e rudemente alegre. É ainda Aristóteles quem afirma que a tragédia teria nascido do ditirambo, canto hínico e fervoroso de um coro dançante acompanhado pela flauta, com o qual, a partir de certo momento, se celebrava de preferência Dioniso. A aparente contradição de que a tragédia teria resultado tanto dos autos satirescos como dos ditirambos encontra solução à base da hipótese de que tais ditirambos eram cantados e dançados, num jogo ritual em homenagem a Dioniso, por um coro, cujos membros (inicialmente cinqüenta coreutas) se apresentavam mascarados de sátiros. Isso corresponde ao uso freqüente da máscara ritual, que transmite aos portadores as forças e qualidades dos demônios ou deuses representados; corresponde também ao fato de Dioniso ter sido o deus da máscara e, em extensão, da metamorfose, fenômeno essencial da arte cênica: tanto os atores como os espectadores se "transformam" nos seres representados, comungando, mercê da identificação, com seus destinos, mais de perto com as forças vitais dos deuses e heróis "presentificados" pela representação ritual do mito. Não é difícil ligar essa idéia da metamorfose ao deus, cujo culto orgiástico leva o crente ao "êxtase" (estar-fora-de-si) e ao "entusiasmo" (estar-tomado-pelo-deus).

4.2. Passos Iniciais

Atribui-se a Arion o nome de ditirambo para o canto trágico versificado, o qual fez entoar por "sátiros". O tirano Pisístrato (560-527 a.C.), ao elevar a adoração de Dioniso a culto oficial de Atenas, adotou as inovações de Arion e convidou Téspis para organizar as festas das chamadas dionisíacas urbanas (distinguidas das festas rurais). Esse festival, pela primeira vez celebrado por volta de 535 a.C., sob a direção de Téspis, iria em seguida realizar-se anualmente na primavera (março/abril) durante seis dias. Deve-se a Téspis a dramatização mais intensa do ditirambo, visto que contrapôs ao coro e seu corifeu um "respondedor" (*Pripoentés*), isto é, um ator. Assim podia travar-se um diálogo, espécie de responsório, à semelhança do diálogo entre solista e coro no oratório. Acredita-se que o respondedor cedo passou do canto à declamação. É possível que os cantos, em certa fase, girassem em torno dos suplícios do deus despedaçado. Mas do ritual mimético, da dança de fertilidade, da lamentosa melopéia, do canto alternado, através dos quais, segundo alguns, se teria representado o mito dionisíaco, não há notícias seguras. A tragédia grega, tal como é conhecida na sua fase clássica, sem dúvida rende homenagem a Dioniso (cujo altar se encontra no meio da orquestra), tanto assim que o coro dionisíaco permanece nela como núcleo ritual do culto. Todavia, na ação e nos diálogos interindividuais – partes mais modernas da tragédia – já não se evoca o martírio do deus. Nessas partes representa-se e se atualiza dramaticamente o destino dos heróis gregos, cujos mitos constituem a história sagrada da nação (por exemplo, ciclo troiano, tebano, argonáutico, ilíada, odisséia etc.).

4.3. Desenvolvimento

Os festivais anuais, instituídos por Pisístrato, realizavam-se como competição (*agon*) entre poetas previamente selecionados. O primeiro vencedor foi Téspis (535-534 a.C.). Decerto assumiu, na ocasião, a função de "respondedor", talvez ainda no traje de Dioniso, num espetáculo em que se acredita tenha ainda prevalecido certo caráter bacântico, ébrio e transbordante, graças à dança dos sátiros. É possível, porém, que Téspis já tenha substituído, pelo menos para o ator, a máscara animalesca pela humana.

Das obras de um discípulo de Téspis, Frínico, sabe-se que abordava temas mítico-históricos de profunda tragicidade, já não ligados ao mito de Dioniso. A ele também se atribui a elaboração de fábulas coerentes, conclusas. Coube em seguida a Pratinas a reintrodução dos elementos satirescos, aparentemente excluídos na fase anterior. Entretanto, eles surgem agora já desligados da própria tragédia. Tais jogos rudes e sensuais, de cunho paródico, se limitam agora às farsas especializadas que, nas grandes dionisíacas, se seguiam, como epílogo alegre, às três tragédias apresentadas por um autor em cada um dos três dias reservados à competição trágica (cada um dos três autores selecionados tinham que fornecer, portanto, uma tetralogia: três tragédias e um auto satiresco).

4.4. Fase Clássica

Diz-se que oito autores antecederam a Ésquilo (525-456 a.C.), o primeiro grande tragediógrafo de quem se conservam várias obras integralmente. Com Ésquilo inicia-se a fase clássica da tragédia grega. De suas setenta e nove a noventa peças somente sete chegaram até nós, considerando-se hoje *Os Persas* (472) – não como antes (*As Suplicantes*, 463?) – a primeira das conservadas e, portanto, a primeira tragédia conhecida.

A supremacia do coro, na fase arcaica anterior, evidencia-se ainda em *Os Persas* (assim como em *As Suplicantes*), peça mais lírico-narrativa que dramática. Ainda assim é poderosa a atualização dramática do sofrimento dos persas ao serem informados (pela narração do mensageiro) da derrota do seu exército. Ésquilo introduziu o segundo ator e mais tarde adotou o terceiro, já antes introduzido pelo seu jovem competidor Sófocles. Dessa forma tornou-se possível uma dramatização mais intensa (cada ator, de resto, podia desempenhar vários papéis, graças às máscaras; havia além disso figurantes mudos). Ésquilo diminuiu os cinqüenta elementos do coro para doze; mais tarde Sófocles o ampliou de novo para quinze coreutas. Atribuem-se a Ésquilo muitas inovações: além de enriquecimentos cenográficos, o uso da túnica larga que caía até os pés, com mangas amplas, das botas (o coturno, de solas altas, só surgiria mais tarde); a máscara feita de uma espécie de linho, pintada com traços severos e heróicos; o penteado altíssimo (*onkos*) etc.

Há entre os três autores clássicos profundas diferenças decorrentes tantos das suas individualidades como do desenvolvimento da sociedade ateniense. O que lhes é comum pode ser considerada a essência da tragédia grega, na sua fase clássica. Segundo Wilamowitz-Möllendorf, "uma tragédia ática é uma peça séria em si conclusa, baseada na lenda heróica, poeticamente elaborada em estilo sublime para a representação teatral por meio de um coro de cidadãos áticos e de dois ou três atores. Ela se destina a ser apresentada no espaço sagrado de Dioniso, como parte do serviço religioso público".

Essa definição não contém nada sobre o teor pro-

51

priamente trágico da tragédia, termo que ligamos em geral ao naufrágio ou à morte do herói. A definição omite esse ponto porque há tragédias gregas com fim feliz ou conciliador, após cenas de terrível sofrimento. Assim a chamada *Oréstia* (458 a.C.), trilogia de Ésquilo, termina com o julgamento favorável e a redenção do matricida Orestes; e Sófocles acrescentou ao *Édipo Rei* (escrita após 430), que termina com a desgraça do herói, a peça *Édipo em Colona* (pouco antes de 406), em que o protagonista, ao morrer muito velho, é enaltecido pelos deuses. Para definir a tragédia grega, basta, em essência, a "situação trágica" (Albin Lesky), trazendo atroz angústia mas admitindo uma solução satisfatória. Muito mais freqüente, porém, é o conflito trágico em si concluso – um conflito sem saída. Esmagado pela fatalidade ou por forças desencadeadas por ele mesmo, o herói sucumbe, não raro porque, por certo excesso ou soberbia "desmedida", desequilibrou a "medida", a lei ou a harmonia da *polis* e do universo: lei natural e lei moral (também a justiça é a medida certa) se identificam na concepção mítica. Todavia, os três autores diferenciam-se na sua atitude em face dos deuses.

A cosmovisão tanto de Ésquilo como de Sófocles é plenamente teocêntrica. Sobretudo na de Ésquilo manifesta-se a fé numa ordem íntegra, condicionada pelos deuses. Zeus subsiste em tudo, "pois nada acontece na terra que não seja enviado pelo deus". Contudo, sua dramaturgia afigura-se por vezes como uma espécie de teodicéia ou justificação dos deuses em face do mal, da culpa e do sofrimento dos homens. Essa atitude já implica certa dúvida e certo questionamento. Todavia, na obra de Ésquilo o homem parece ainda conviver, por assim dizer, com os deuses, ao passo que na de Sófocles o homem vive solitário, já distanciado dos poderes divinos. Tem-se a impressão de que é bem menor a confiança de Sófocles numa ordem universal coerente e significativa ou pelo menos na possibilidade de conhecê-la. Na religiosidade de Sófocles já se infiltra certo ceticismo; a relação cognoscível entre culpa e punição se rompe; a ação dos deuses é insondável. Eles chegam a ser injustos, irracionais, terríveis, mas ainda assim cabe ao homem injustiçado conformar-se.

Os poderosos heróis de Ésquilo são ainda lineares, pouco individualizados. Inseridos na vida mítica universal, são parte integrante da família, cujas maldições pesam sobre cada um dos membros, por mais que individualmente sejam inocentes conforme nossa concepção que não conhece uma "culpa objetiva". Tal fato se exprime na tendência esquiliana de compor trilogias trágicas para poder elaborar melhor o drama de uma família (*Oréstia*). Sófocles já abandona a trilogia. Suas peças abordam o destino individual do herói ou da heroína. E suas personagens já se destacam como indivíduos. Fala-se com justeza da "individualização tipizante" da sua caracterização a qual, necessariamente, implica também enredos mais complexos que os de Ésquilo.

A maior importância atribuída por Sófocles ao indivíduo e às relações interindividuais manifesta-se no papel mais limitado do coro. Visto que este representa o núcleo ritual do teatro grego, sua função mais modesta sugere a atenuação dos aspectos religiosos, enquanto concomitantemente se ampliam os diálogos e se intensificam os lados dramáticos dos conflitos interindividuais.

É característico que na obra de Eurípides (480-406 a.C.) o papel do coro se restringe ainda mais. No fundo não passa de decoração lírico-musical (aliás, de grande beleza), sem ligação orgânica com o todo da obra. Influenciada pelo pensamento progressista dos sofistas, sua cosmovisão já tende a ser antropocêntrica. Detestado pelos conservadores, não vê mais na divindade e sim no homem a medida de todas as coisas (Protágoras). A isso corresponde a veemente crítica aos deuses, o tratamento livre dos mitos e a psicologia quase realista com que diferencia suas personagens, por vezes de tendências patológicas. Na sua obra não só surgem problemas políticos – muito freqüentes na dramaturgia grega – e sim também sociais. Até a situação precária da mulher é discutida. Aristóteles considera-o o mais trágico dos dramaturgos. Com efeito, as soluções nas suas peças são muitas vezes apenas aparentes, impostas por deuses que surgem de surpresa (*deus ex machina*). O destino, antes sagrado, passa a ser mero acaso. Seu teatro é "sem fé, sem esperança, sem graça divina" (S. Melchinger), sugerindo a decadência da religião tradicional e a da forma teatral ligada a ela. A obra de Eurípides, sem dúvida extraordinária, por vezes já fascina pela beleza fosforescente da dissolução.

4.5. Peculiaridades Formais

A tragédia grega, na sua fase clássica, é uma organização estética perfeita, invariável na essência apesar das diferenças espontâneas. O coro permanece, apesar de tudo, parte importante. Acompanhado pela flauta, dança e canta os ditirambos, indicando-se a origem peloponesa pelo dialeto dórico, mais arcaico que as partes dialogadas, de dialeto jônico. O *parodos* é a solene entrada e o desfile do coro no início, o *exodos*, a solene saída no fim. Com o *stasimon* (há vários *stasima*), o coro separa a ação em diversos "episódios" dialogados (que mais tarde serão os "atos"), cantando as estrofes e antiestrofes rica e complexamente metrificadas (enquanto nos diálogos prevalecem os metros iâmbicos). O *commós* (não confundir com *cômos*, folia, de que se origina o termo comédia) é uma lamentação de movimento fervoroso, canto alternado entre um ator e o coro.

O coro, além de centro ritual, exerce várias funções. Representando a *polis*, o coletivo, amplia a ação além do conflito individual. Os heróis de estirpe aristocrática vivem seu drama na presença do povo, publicamente. E visto que a *polis* representa a ordem universal, o coro amplia a obra em escala cósmica. O coro é uma espécie de opinião pública; contempla, objetiva, generaliza, comenta, interpreta e valoriza, positiva ou negativamente, a ação dramática dos protagonistas e antagonistas. Muitas vezes é uma espécie de espectador ideal, apreciando a ação como o público deveria apreciá-la; às vezes é porta-voz do autor. Entretanto, à medida que o coro tende a ser a voz da tradição, o autor não precisa ser necessariamente identificado com ele. Às vezes, o coro está um tanto atrasado em relação ao significado da ação histriônica. Não alcança, em certos casos, com seus lugares-comuns, o sentido mais avançado do que ocorre. O coro é a alma religiosa, conservadora, da peça; se o herói não se conforma com as convenções, tende a estabelecer-se uma tensão entre ele e o coro, tornando-se claro o atrito entre o indivíduo e a sociedade.

Das três unidades (ação, tempo, lugar), tão debatidas, só a da ação tem real importância na tragédia grega, e mesmo esta nem sempre foi observada por Eurípides; muito menos as de tempo e lugar.

4.6. Esboço Histórico

Através dos milênios, a tragédia grega serve de modelo à dramaturgia ocidental, mesmo quando malcompreendida e até deformada. Sobretudo a partir do Renascimento era ponto de aferição, ainda para aqueles que se recusavam a imitá-la.

A tragédia romana foi influenciada principalmente por Eurípides, fato que se explica pelo espírito secular do teatro latino. Entretanto, das obras trágicas que faziam sucesso no palco romano praticamente nada se conservou. As únicas tragédias latinas que chegaram até nós são as nove peças em versos de Sêneca (4 a.C. – 65 d.C.), posteriores às que se perderam. Mas precisamente estas

55

obras, ao contrário das desaparecidas, nunca foram encenadas no palco romano, em parte, decerto, porque o rico senador Sêneca não pensava em "descer ao nível" de autores que ganhavam a vida escrevendo para o teatro. Na época de Sêneca, o drama sério se destinava à leitura, enquanto as encenações teatrais, segundo Cícero, se concentravam nessa fase tardia em formas vulgares de entretenimento considerado popular.

As tragédias de Sêneca, nas quais dramatiza sua filosofia estóica, baseiam-se em temas do mito grego. Embora se inspirem nos modelos clássicos, afastam-se bastante deles pelo cunho retórico-epigramático, pela apresentação de cenas extremamente cruéis e pela linguagem hiperbólica, aliás características tradicionais da tragédia romana. Todavia, não se pode negar a força "barroca" de muitas cenas e a beleza de certas passagens corais, nem a intensidade da atmosfera cheia de brutalidade, horror, magia negra e espectros. Em tempos posteriores à Idade Média (a qual desconhecia a tragédia no sentido rigoroso do termo), a obra de Sêneca servia a muitos autores de modelo – deformado mas eficaz – da tragédia grega.

Com efeito, a influência de Sêneca sobre o teatro renascentista e barroco (elisabetano e posterior, classicismo italiano e francês etc.) foi imensa. Segundo uma palavra famosa, Sêneca era suficientemente exuberante para agradar aos dramaturgos renascentistas e suficientemente clássico para corresponder à sua busca de estilo e estrutura firmes.

A primeira encenação de um texto de Sêneca, do seu *Hipólito*, ou *Fedra*, baseado em Eurípides, verificou-se em Roma (1486), quase mil e quinhentos anos após sua morte. Entrementes, iniciou-se também o debate em torno das teorias da *Poética* de Aristóteles, que iria tornar-se o livro canônico do neoclassicismo. Entre os primeiros a escreverem sobre a influência direta da tragédia grega, encontra-se o italiano Gian Giorgio Trissino

(1478-1550), com sua *Sofonisba* (1524), famosa por ser um dos primeiros exemplos do classicismo e por ter transformado a infeliz irmã de Aníbal em heroína preferida por gerações de tragediógrafos. Mais importante é Giambattista Giraldi (1504-1573), que nas suas tragédias horripilantes, inspiradas por Sêneca, comprimiu a matéria com violência em moldes extremamente rígidos, supostamente preparados por Aristóteles. É principalmente a ele que se deve a consolidação do modelo da tragédia neoclassicista, cuja validade ao menos teórica, amplamente reconhecida nos séculos seguintes, só começou a ser negada na fase pré-romântica (a partir de 1750). Contudo, apesar do seu papel pioneiro, a Itália teve que esperar até o século XVIII para produzir, com Vittorio Amadeu Alfieri (1749-1803), um grande dramaturgo trágico cujas obras severamente clássicas se abastecem tanto de mitos bíblicos e gregos como de temas da história européia. As duas tragédias românticas de Alessandro Manzoni (1785-1873), que mostram o influxo de Shakespeare, Goethe e Schiller, se distinguem mais pela qualidade lírica que dramática.

Também a Espanha, cuja dramaturgia é das mais ricas da Europa, produziu poucas tragédias. Na obra dos maiores dramaturgos, Lope de Vega (1562-1635) e Calderón (1600-1681), não faltam peças de cunho trágico, mas dificilmente se pode chamá-los de tragediógrafos. Friedrich Schlegel destacou que em Calderón o sofrimento extremo é seguido da transfiguração espiritual do herói, de uma nova vida – solução adequada à visão católico-cristã. A concepção de um universo totalmente justo em que desempenham papel central uma divindade de suma bondade e conceitos como a graça, o arrependimento, a expiação e redenção, não constitui terreno fértil para a tragédia, já que todos os conflitos se encaminham de antemão para uma solução justa, correspondente aos desígnios divinos.

Os continuadores da tradição trágica da Grécia são

principalmente os elisabetanos, encabeçados por Shakespeare (1564-1616) – cuja dramaturgia, contudo, se afasta muito do modelo clássico –, e os classicistas franceses, sobretudo Corneille (1606-1684) e Racine (1639-1699), que, ao contrário, procuram imitar esse modelo ao máximo, embora tenham abolido o coro (Racine o usou, contudo, nas peças bíblicas). De outro lado, porém, levaram às últimas conseqüências as unidades, sobretudo Racine, que acentuava a linha clara e coerente do enredo e a tradição clássica de pôr no palco poucas personagens de alta estirpe. Sua *Fedra* (1677), baseada em *Hipólito*, de Eurípides, é certamente uma das mais belas tragédias de todos os tempos, distinguida pela perfeição dos alexandrinos, pela extraordinária psicologia da paixão mórbida e da ambivalência do amor. É insuperável a maestria com que impõe rigor quase geométrico à estrutura, disciplinando a matéria barroca e o furor selvagem dos instintos pelo equilíbrio do procedimento clássico. É bem antes, porém, com *Le Cid* (1636-1637?), do Corneille, que se inicia a época suprema do teatro francês (a peça foi definida de início como tragicomédia). Suas peças provocavam ataques por nem sempre obedecerem rigorosamente às três unidades. Em geral, Corneille não teve a facilidade de Racine para adaptar seu mundo barroco, em que entram em conflito amor e honra e o valor supremo da idéia do Estado, à férrea disciplina das regras que por vezes lhe prejudicam o desenvolvimento da sua arte.

Tais regras preocupavam aos espanhóis tão pouco como aos elisabetanos (houve exceções, por exemplo, Ben Jonson). O desrespeito às regras não impediu que Shakespeare se tornasse um dos maiores trágicos de todos os tempos (nem prejudicou autores como Marlowe, Kyd, Marston, Webster, Middleton etc.). Pelo cunho livre e aberto de sua dramaturgia, tornou-se o inspirador do teatro romântico. Suas tragédias divergem do modelo grego e classicista em pontos importantes: os enredos

58

envolvem numerosas personagens, de várias camadas sociais, estendendo-se por amplos espaços e tempos; a unidade desloca-se da ação ao herói – em peças como *Rei Lear* (1606) ou *Macbeth* (1606) há até desdobramento em ações paralelas; em pleno desenvolvimento trágico surgem cenas cômicas ou grotescas; verso e prosa se revezam. Se no drama grego – forçando o acento – o caráter é função da ação, no drama shakespeariano a ação tende a ser função do caráter. Esse fato explica, em certa medida, a construção diversa do seu teatro. Mas há analogias com a tragédia grega, sobretudo no que se refere à terrível substancialidade do mal e ao questionamento dos valores tradicionais, teocêntricos, em face do surgir de novos valores seculares; questionamento característico tanto do Renascimento como do século áureo da tragédia grega.

Na Alemanha, G. E. Lessing (1729-1781), reinterpretando Aristóteles, se dirigiu contra o classicismo francês e proclamou a grandeza de Shakespeare. A atividade crítica de Lessing contribuiu para a eclosão de uma dramaturgia de relevo na Alemanha. Goethe (1749-1832), sem dúvida, não é um autor trágico nato; tende, sobretudo na maturidade, em demasia à conciliação final. Assim, a primeira parte de *Fausto* (1808), com seu fim trágico, é apenas um momento que prepara o desfecho redentor da segunda parte (1833). Quando jovem, todavia, escreveu as tragédias *Egmont* (1788) e *Götz von Berlichingen* (1773). Essa peça pré-romântica (em prosa), que procura imitar de forma um tanto tosca o modelo shakespeariano, teve imensa influência sobre o teatro romântico europeu pelo seu medievalismo e pela estrutura radicalmente anticlassicista. De igual influência foi a tragédia pré-romântica *Os Bandoleiros* (*Die Räuber*, 1781), de Friedrich Schiller (1759-1805). Ambos, Goethe e Schiller, procuravam em seguida disciplinar os excessos pré-românticos para aproximar-se de um classicismo moderado. *Maria Stuart* (1799) e ainda mais *A Noiva de*

59

Messina (*Die Braut von Messina*, 1803), em que Schiller reintroduz o coro, são expressões desse esforço, da mesma forma que *Ifigênia em Táurida* (1787), mais um poema dramático do que uma tragédia, no qual Goethe revela a ocupação com a obra de Racine. O maior trágico alemão talvez seja Heinrich von Kleist (1777-1811). Peças como *Penthesilea* (1808) e *O Príncipe de Homburgo* (edição póstuma, 1821), em que dissonâncias terríveis fendem a "frágil estrutura" deste mundo não podem ser classificadas em nenhuma escola. A selvageria dionisíaca e o sadomasoquismo patológico das paixões, assim como os estados de histeria, semiconsciência e sonambulismo de diversas personagens talvez expliquem a receptividade tardia que a obra de Kleist encontrou depois da Segunda Guerra Mundial. Entre os tragediógrafos de língua alemã deve-se mencionar ainda o austríaco Franz Grillparzer (1791-1872), cuja trilogia *O Tosão de Ouro* (*Das goldene Vliess*, 1822), baseada na *Medéia* de Eurípides, é uma das grandes obras trágicas do século XIX, distinguida pelos requintes da psicologia.

O romantismo alemão, avesso a conflitos tráficos inconciliáveis e pouco propenso à objetividade da construção dramática, não produziu grandes tragédias. Quanto ao romantismo francês, tendia em demasia ao melodramático, nas obras de Victor Hugo e Dumas, pai, para alcançar a validade trágica de que, contudo, se abeira Musset (1810-1857) no seu *Lorenzaccio* (1834).

4.7. A Tragédia Burguesa

Em 1731 foi apresentada, em Londres, a primeira "tragédia burguesa", *O Mercador de Londres*, de George Lillo (1693-1739). Com ela se inicia um desenvolvimento que, passando pela "comédie larmoyante" de Diderot (1713-1784) e pelas peças *Miss Sara Sampson* (1755) de Lessing, *Intriga e Amor* (*Kabale und Liebe*, 1784), de

Schiller, e *Maria Madalena* (1846), de Friedrich Hebbel (1813-1863), prepara os dramas burgueses de Henrik Ibsen (1828-1906).

Até então, personagens de classe burguesa só podiam aparecer na comédia, assim como as do "povo", na farsa. Segundo os cânones tradicionais, o privilégio de ser herói de tragédia era reservado a reis, príncipes etc. O burguês, como herói trágico, implicava profundas transformações; sua presença impunha mais realismo e menor estilização, o uso de prosa, teor mais profano, não cabendo a solenidade tradicional, nem a grandeza e a distância míticas. Sobretudo se verificavam a privatização e particularização da temática. Esta, tornando-se "doméstica", perdia o caráter público, ligado a heróis cujo destino envolvia o de cidades ou nações inteiras. Édipo, rei de Tebas, naufraga diante do coro, isto é, diante da nação. Maria Madalena se dilacera entre quatro paredes. É difícil negar os elementos trágicos de peças burguesas como *Maria Madalena* e *Espectros* (*Gengangere*, 1881), obra naturalista de Ibsen. Mas não é uma questão bizantina indagar se é sensato manter, no caso, em face de transformações tão profundas, o termo "tragédia" como gênero dramático específico. Isso se refere naturalmente também à primeira "tragédia proletária", a peça *Woyzeck* (1836-1837, edição póstuma, 1879), de Georg Büchner (1813-1837). O anti-herói dessa obra genial certamente não corresponde à tradição dos heróis trágicos. Qualquer que seja o nome que se queira dar a tais peças – drama sério ou drama trágico –, o fato de não se tratar de tragédias no sentido próprio do termo não implica qualquer juízo de valor. Não há razão para considerar um gênero superior a outro. A crise da tragédia, que se evidencia a partir do século XVIII, será debatida mais adiante.

61

4.8. Teoria da Tragédia

A influência da teoria da tragédia, tal como exposta por Aristóteles (384-322 a.C.) na *Poética* ou *Arte Poética*, interpretada a partir do Renascimento por numerosos filólogos, críticos, pensadores e dramaturgos, é certamente igual, senão superior, à da própria tragédia antiga. Aristóteles define a tragédia como

imitação de uma ação de caráter elevado, completa e de certa extensão, em linguagem ornamentada e com as várias espécies de ornamentos distribuídas pelas diversas partes (da obra) – imitação efetuada não por narrativa mas mediante atores e que, suscitando terror e piedade, tem por efeito a purificação dessas emoções.

Partindo do objetivo da tragédia, a catarse ou purificação (produzida nos fruidores da obra), Aristóteles analisa a organização literária que com maior eficácia produzirá o fim visado. Essencial é a fábula em si conclusa que deve ter princípio, meio e fim (não começando ou acabando ao acaso), ser bem ordenada e de composição econômica. Essenciais são também a unidade de ação e a organicidade da obra: ela deve formar um todo em que "as partes estejam de tal modo entrosadas que baste a supressão ou o deslocamento de uma só para que o conjunto fique modificado ou confundido, pois os fatos que livremente podemos juntar ou não, sem que o assunto fique sensivelmente modificado, não constituem parte integrante do todo". O dramaturgo, acentua o filósofo, não é historiador; é (diríamos hoje ficcionista, pois não lhe compete "narrar exatamente o que aconteceu; mas sim o que poderia ter acontecido, aquilo que é possível segundo a verossimilhança ou a necessidade". Por imitar a particularidade de um fato acontecido, a história é inferior à ficção. Esta, visando ao que poderia ter acontecido, é mais filosófica, visto imitar o universal, a natureza humana na sua essência. Impõe-se, porém, que a imaginação, ao compor "aquilo que é possível", convença pela credibilidade (verossimilhança) e pela necessidade, isto é, pelo encadeamento rigorosamente causal e lógico das cenas para que o enredo "enrede" o fruidor e o faça participar das situações apresentadas. Sem essa "identificação" emocional com os heróis e seus destinos (mercê da coerência da ação) o espectador não chegará à catarse.

Quanto ao herói trágico, Aristóteles chega à conclusão de que, para seu destino inspirar temor e compaixão, deve ter um caráter semelhante ao nosso. Não deve distinguir-se muito pela virtude nem tampouco pelo vício. Se passa da felicidade ao infortúnio (como convém à tragédia), isso ocorre não porque seja malvado e sim em conseqüência de algum erro (*hamartia*), ignorância em face da situação – mais uma cegueira intelectual que uma grave culpa moral; esta, se conseqüência de um caráter vil, impede a compaixão (é claro que um protagonista como Ricardo III, de Shakespeare, contradiz os preceitos aristotélicos; mesmo Macbeth não se enquadra neles). O herói, ademais, "há de ser alguém que goza de grande reputação e fortuna, como Édipo ou Tiestes ou outros insignes representantes de famílias ilustres".

Outros momentos discutidos são os da "peripécia" – a repentina reviravolta, a mudança no destino do herói; o da *anagnorisis*, do "reconhecimento" (precedido de "cegueira"), espécie de iluminação: o herói reconhece a verdadeira natureza do antagonista, da situação geral ou dele mesmo (caso de Édipo). No que se refere à ação, é considerada por Aristóteles bem mais importante que os caracteres, pois é sobretudo daquela que depende a felicidade ou infelicidade das personagens.

Quanto às famosas unidades, o filósofo insiste só naquela da ação; apenas menciona a do tempo (fictício): "A tragédia empenha-se, na medida do possível, em não exceder o tempo de uma revolução solar, ou pouco mais". Mais tarde concluiu-se que a concentração temporal implica a do espaço: ação deveria desenrolar-se num só lugar.

63

4.9. Aristóteles e os Pósteros

A ocupação intensa dos humanistas com a *Poética* de Aristóteles, bem como a valorização geral da Antiguidade pelos críticos renascentistas como modelo estético absoluto, fizeram com que as concepções do filósofo se cristalizassem em regras canonizadas pelo neoclassicismo. Mediador importante é Horácio (65-8 a.C.), que, transmitindo a tradição helenística, acrescentou alguns elementos importantes, por exemplo, o *decorum* (propriedade), a regra dos cinco atos, a de que a violência só deve ocorrer fora da cena; além disso, acentua o impacto emocional e a união de agrado e utilidade moral da obra literária.

Tais regras foram observadas pelos dramaturgos clássicos, de acordo com interpretações muitas vezes divergentes. Ou então foram reinterpretadas por aqueles que, embora barrocos, ainda assim acreditavam imitar os modelos antigos. Não raro foram respeitosamente violadas, com um forte sentimento de culpa.

Entre os pontos geralmente aceitos, pelo menos até o início do século XVIII, ressalta a concepção de que à tragédia corresponde o "estilo alto", solene, e de acordo com isso deveriam figurar nela somente expoentes das classes sociais mais altas. A tal princípio aderiram todos os teóricos desde Scaligero (1484-1558) e Castelvetro (1505-1571) até Boileau (1636-1711), John Dryden (1631-1700) e Gottsched (1700-1766). Além das razões já aduzidas para essa concepção, influiu também a idéia da "queda", supostamente mais trágica, mais profunda e também mais didática, quando atinge a quem se situa nas alturas da pirâmide social.

Há concordância, da mesma forma, a respeito da necessidade de "imitar a natureza", embora variem as teorias acerca do que seja imitação e do que seja a natureza a ser imitada. A partir das interpretações de Castelvetro (*La Poetica d'Aristotele Vulgarizzata*, 1570), há em geral acordo no tocante à observação das três unidades. Acreditava-se que a ilusão e a identificação dos espectadores com as situações apresentadas seriam prejudicadas por uma disparidade muito grande entre o tempo fictício do enredo e o tempo empírico da representação, bem como pela mudança do lugar fictício enquanto o público permanece no mesmo lugar. O debate em torno desse problema era constante e Corneille, que lutava com dificuldades para observar as unidades, adiantava argumentos sofisticados a fim de justificar-se ante a severidade com que os teóricos acadêmicos as impunham. É só na época pré-romântica que – mercê da influência crescente de Shakespeare – se começava a questionar abertamente a utilidade das unidades. Elas foram combatidas quase ao mesmo tempo pelo Dr. Samuel Johnson, no seu *Prefácio a Shakespeare* (1765), com o argumento de não corresponderem à natureza e à verossimilhança, e por Herder, num ensaio sobre Shakespeare (1773), no qual o autor procura demonstrar que precisamente o tratamento livre de tempo e espaço aumenta a ilusão. Todavia, ainda T. S. Eliot se pronunciou em favor das unidades, no seu *Diálogo sobre a Poesia Dramática* (1928), embora já não apoiado no argumento da verossimilhança e da ilusão e sim da concentração que decorre da observação das unidades.

Outro assunto que provocou debates intermináveis e que até hoje continua objeto de interpretações variadas, é o da catarse, verdadeira *cause célèbre* na história da crítica literária.

Atualmente se tende a atribuir à concepção de Aristóteles antes de mais nada um significado medicinal. Rebatendo sem dúvida teses de Platão, que se dirigira contra a poesia dramática por suscitar emoções dúbias, indignas de serem cultivadas, Aristóteles afirma, ao contrário, que caberia dar expressão a tais emoções para "descarregá-las" (como se diria hoje) ou para regulá-las ou mesmo sublimá-las (purificar). Tal teoria corresponde à de Hipócrates que recomendara a descarga de elementos orgânicos nocivos para que se estabelecesse a proporção correta, própria do corpo sadio. O prazer suscitado pela catarse liga-se ao alívio decorrente do equilíbrio, depois de o espectador sentir-se liberto dos excessos emocionais. Essa interpretação não exclui a tese que vincula a catarse à ética de Aristóteles, segundo a qual a virtude se situa no meio entre os excessos contrários (por exemplo, a coragem entre a covardia e a temeridade). Entre os autores que defendem essa teoria um tanto moralista se conta Lessing, que fala da "transformação das paixões em aptidões virtuosas". A tragédia deve poder "purgar-nos de ambos os extremos da compaixão, o que também se refere ao medo". A suposta função didático-moralista da catarse e da tragédia em geral corresponde particularmente às interpretações do Século das Luzes. Mas já antes, Racine propõe concepção semelhante: a tragédia, "excitando o terror e a piedade, purga e tempera tais tipos de paixões. Isto é, ao suscitá-las, ela lhes tira o que nelas há de excessivo e vicioso e as reconduz a um estado de moderação, de conformidade com a razão".

À concepção medicinal associa-se no pensamento aristotélico provavelmente ainda um sentido metafísico: segundo idéias órfico-platônicas o termo significa também libertação da alma em relação ao corpo, e desse modo o espírito torna-se receptivo para iluminações superiores; como os heróis, mercê do sofrimento trágico, recebem ensinamentos e alcançam graus mais elevados de sabedoria, assim também o espectador se torna receptivo para intuições profundas relativas à essência do homem; por isso mesmo Aristóteles insiste em frisar que a tragédia é imitação dos padrões universais do comportamento humano, encarnados numa ação de desenvolvimento necessário e conseqüente.

O naufrágio dos heróis, em peças gregas e posteriores, é não raro conseqüência da fatalidade, algumas vezes identificada com a vontade – por vezes irracional, cruel e mesmo sádica – dos deuses. Com freqüência não existe qualquer proporção racional entre o castigo e a culpa do herói; mas precisamente essa desproporção é característica do fato trágico. Aristóteles racionaliza, em certa medida, a misteriosa ira do universo que se abate sobre o protagonista trágico ao atribuir-lhe, senão graves defeitos morais, ao menos a falha intelectual mencionada. Assim, enquanto em parte explica a punição, mantém ao mesmo tempo o fundo paradoxal da tragédia.

Essa falha, no entanto, interpretada como "cegueira", tende a revestir-se de acentos metafísico-morais, quando leva o herói à *hibris* (soberbia), ao ignorar a fragilidade humana ante os poderes superiores. O orgulho desmedido fere a "medida", o equilíbrio universal (essa inter-relação entre a ação humana e as forças universais, entre micro e macrocosmo, é muito nítida, por exemplo, em *Macbeth*). O estorvo tem de ser eliminado para que o equilíbrio se restabeleça. Semelhante interpretação, sem dúvida baseada em muitas peças antigas e modernas, deve-se sobretudo a Hegel.

4.10. A Categoria do Trágico

Aristóteles (seguido dos teóricos renascentistas e pós-renascentistas) estabeleceu uma teoria da tragédia. Contudo, não se encontra na *Poética* uma filosofia de fenômeno trágico, aliás como tal radicalmente distinguido do triste (a morte de uma pessoa por atropelamento é apenas triste; para ser trágica, exigem-se vários momentos essenciais: ação consciente, empenho total por valores importantes contra resistências poderosas, internas ou externas, conflito etc.). Embora a tragédia decerto seja o veículo especializado e mais adequado à manifestação plena do trágico, é óbvio que a tragicidade como tal pode perfeitamente aparecer fora da tragédia – em epopéias ou novelas, em romances ou mesmo em comédias e ainda em artes não-literárias. O trágico, ademais, pode ser referido à vida de pessoas reais e não apenas de personagens fictícias.

Entretanto, uma filosofia de fenômeno trágico surgiu somente com o idealismo alemão, a partir de Schelling e Hegel, e desde então continua sendo domínio quase exclusivamente alemão (apesar de pensadores como Kierkegaard e Unamuno).

Schelling, debatendo-se com o problema da tragédia grega, encontra o fato propriamente trágico no paradoxo de um "ser mortal, destinado pela fatalidade a ser criminoso e lutando contra essa fatalidade, acaba punido, de modo terrível, pelo crime que foi obra do destino". A contradição se torna somente suportável porque o herói *luta* contra o destino e assim tem de ser punido pela própria derrota. "A tragédia grega honrava a liberdade humana ao admitir que o herói lutasse contra o poder supremo do destino [...]" (*Cartas sobre Dogmatismo e Criticismo*, 1795).

Hegel deriva o fato trágico da fragmentação do espírito divino ao ingressar no mundo temporal e se manifestar na ação individual. Nessa ocasião a substância espiritual se diversifica nas oposições morais de vontades particulares. O atuar individual se segrega na sua determinação e provoca dialeticamente o *pathos* (paixão) contrário, suscitando assim, de modo inexorável, o conflito. Na sua *Estética* (1832), Hegel define o trágico como uma colisão em que "os lados opostos têm, por si, cada qual a sua razão, ao passo que de outro lado não são capazes de fazer valer o conteúdo verdadeiro e positivo de sua meta [...] a não ser como negação e violação do poder contrário, igualmente justificado; e assim ambos os lados se envolvem em culpa enquanto seres morais, precisamente por causas dessa moralidade" (exemplo: *Antígona*, de Sófocles).

Para Schiller, o trágico se revela no choque entre as determinações naturais e históricas, de um lado, e a liberdade humana, de outro; sobretudo na colisão entre a vontade moral e o despotismo dos instintos. Quando o herói nega todos os interesses vitais de autoconservação em favor da meta que se propõe, afirma-se um princípio mais alto que a natureza; vislumbra-se a instauração de uma liberdade e de um reino moral que anulam a determinação natural ou que mostram a própria natureza (e história) intimamente prefigurada para acolher os princípios espirituais e para coincidir, harmonicamente, com eles.

O trágico, tal como entendido por Schopenhauer, liga-se à sua filosofia exposta em *O Mundo como Vontade e Representação* (1819). Uma e mesma irracional vontade metafísica se manifesta nos entrechoques das múltiplas vontades particulares (meras aparências, representações). "É o antagonismo da vontade (metafísica) consigo mesma que [...] se manifesta terrivelmente. Ele se revela no sofrimento da humanidade, em parte produzido pelo acaso e erro que, como dominadores do mundo, se personificam [...] em destino traiçoeiro; e em parte produzido pelos próprios homens, devido às aspirações entrecruzadas dos indivíduos, devido à maldade e perversidade da maioria. É uma e mesma vontade que vive e aparece em todos eles, mas as aparências dela se combatem mutuamente, despedaçando-se. O que proporciona ao trágico e estranho *élan* edificante é a revelação de que o mundo, a vida não podem dar verdadeira satisfação, e que, por isso, a vontade de viver não tem valor; nisso consiste o espírito trágico: ele nos conduz à resignação."

A famosa obra de Nietzsche, *O Espírito da Música como Fonte da Tragédia* (1872), mostra a forte influência de Schopenhauer. A vontade metafísica se transformou em poder dionisíaco, alma do coro e da música que se descarrega ou objetiva num mundo de imagens apolíneas, ou seja, nas representações múltiplas, individuadas, das ações heróicas (e do discurso dialogado). Às imagens múltiplas de tantos heróis míticos subjaz sempre o mes-

69

mo Dioniso, embora em forma despedaçada. Édipo, Prometeu, Antígona – todos eles são máscaras (aparências), individuações passageiras do deus uno que vive em todos e cujo despedaçamento mítico simboliza essa individuação. Assim, celebrando os heróis, a tragédia celebrada Dioniso.

Todavia, se conforme o pessimismo de Schopenhauer o trágico conduz à resignação e à negação da vontade de viver, o "otimismo heróico" de Nietzsche transvaloriza tal idéia: ao prazer no espetáculo das imagens apolíneas (representando o sofrimento dos heróis) superpõe-se o prazer superior da negação dessas imagens a qual, longe de conduzir à resignação, produz um sentimento triunfal de afirmação vital ao restabelecer-se, desfeitas as aparências, a unidade dionisíaca subjacente. Um onipoderoso sentimento de unidade reconduz todos os espectadores ao coração vital da natureza, encarnada no coro dos sátiros. O consolo metafísico da tragédia decorre assim da sensação de que, apesar de todas as aparências em constante mutação e despedaçamento, a vida dionisíaca que lhes subjaz, una e poderosa, é indestrutível.

Georg Simmel (1858-1918) vê o fulcro paradoxal do trágico na fatalidade de que "as forças aniquiladoras dirigidas contra um ser se originam nas mais profundas camadas desse mesmo ser; e que com seu aniquilamento se conclui um destino que nele mesmo se encontra prefigurado, sendo por assim dizer o desenvolvimento lógico precisamente daquela estrutura com que esse ser construiu suas qualidades positivas" (*O Conceito e a Tragédia da Cultura*, 1912).

Nicolai Hartmann (1882-1950), na sua *Estética* (1953), frisa que o trágico na vida é o ocaso de um grande valor. Sentir prazer nisso seria perversidade. O esteticamente trágico, porém, é o mero "aparecer" do naufrágio. Esse aparecer fictício da destruição do humanamente elevado pode perfeitamente produzir o prazer da contemplação estética, sem ferir o sentimento moral, já que se trata de uma autêntica emoção valorativa em face do sublime: o prazer não decorre do naufrágio e sim da grandeza e dignidade humanas do herói. No próprio aniquilamento essa dignidade é enaltecida.

4.11. Fim da Tragédia?

O surgir da tragédia, na plenitude de suas implicações de fundo e forma, é um fenômeno histórico intimamente relacionado com determinadas condições socioculturais. O fato é que ela se manifestou apenas em duas fases principais em toda a grandeza da expressão artística. Isso não quer dizer que outras épocas não tenham conhecido o fenômeno trágico, como elemento de obras teatrais ou da literatura narrativa.

As duas fases mencionadas são as do século V a.C., na Grécia antiga, do século XVI, nas décadas finais, e do século XVII, sobretudo na Inglaterra (dramaturgia elisabetana) e na França. Em menor grau, o espírito trágico se manifesta na mesma época na Espanha, embora em obras de alto valor dramático; em outros países, ele se cristaliza em tragédias, mas de menor expressão artística. Nos fins do século XVIII e inícios do século XIX ocorre ainda a manifestação de uma expressiva dramaturgia trágica na Alemanha, Itália e Rússia (Puchkin).

Sem que se possam estabelecer teses muito rigorosas a esse respeito, parecem impor-se como fases mais propícias à tragédia aquelas em que uma certa unidade de cosmovisão se desfaz ante o advento de atitudes, crenças e filosofias novas, tidas como tão válidas como os valores tradicionais. Não só a tragédia, mas o próprio gênero dramático surgem na Grécia no momento em que a unidade do *logos*, tal como se exprime na epopéia (em que, contudo, não faltam elementos trágicos), se decompõe no *dia-logos*, no espírito dividido de uma civilização urbana e comercial diferenciada, de intensos contatos nacionais e internacionais, mas, ainda assim, de fortes tendências tradicionalistas. A tragédia grega só podia surgir no momento em que os deuses, ainda objetos de profunda crença, começavam a ser questionados – desde o tênue afloramento da teodicéia em Ésquilo até a crítica de Eurípides. Esse processo de secularização reflete ao mesmo tempo a passagem do ritual ao espetáculo primordialmente estético. E é precisamente essa mudança (manifestação de profundas transformações culturais) que provoca a crise da organização estética da tragédia.

Desenvolvimento semelhante se verifica no Renascimento e no barroco, na passagem do Medievo, intensamente teocêntrico, à cultura moderna, de ordem antropocêntrica, crescentemente burguesa. A tragédia exige uma visão antinômica, expressa, por exemplo, no choque entre liberdade e necessidade. Nem a personagem totalmente livre (dir-se-ia divina), nem totalmente determinada (como ocorre no naturalismo), podem ser heróis de tragédia. Esta, da mesma forma, não tende a vingar num universo julgado totalmente justo e ordenado conforme planos divinos (Idade Média), onde a virtude é exatamente compensada e o vício corretamente punido, nem tampouco num universo julgado absurdo, onde reina o capricho e prevalece o relativismo radical de valores. Nesse caso, perdeu o sentido tanto a responsabilidade como a ação significativa do herói empenhado com paixão por idéias e valores considerados de extrema importância – empenho essencial à ação heróica.

A partir do reconhecimento das complexas condições que favorecem o surgir da tragédia, torna-se compreensível a raridade da sua manifestação plena. "A tragédia move-se naquele ponto estranhamente escorregadio, dificilmente apreensível, entre teodicéia e niilismo" (Benno von Wiese). Este delicado "entre" não é característico da nossa época em que prevalece francamente um pensamento secular e relativista, avesso à tragédia.

72

Não se pode falar hoje de um choque vital entre concepções antinômicas, a não ser no nível moral sociopolítico, secular, que talvez permita o desencadeamento de conflitos trágicos, não, porém, a constituição da tragédia, no pleno sentido do gênero. A este é inerente um pano de fundo mítico (ainda que questionado), bem como uma visão antropológica que projeta os conflitos humanos para uma dimensão metafísica (ainda que abalada) – ante um público ainda coeso, capaz de viver plenamente os mitos apresentados. A tragédia, enquanto tal, não pode desprender-se totalmente da sua raiz metafísica; por isso, ela fala de colisões inexoráveis, eternas, sem saída, desde sempre ligadas à posição do homem no universo. A isso se associa indissoluvelmente a organização da tragédia – a estilização, o gesto grandioso, o tom solene, a tendência ao verso ("heróis que falam em versos não se resfriam") etc. Como se verificou, a tragédia burguesa, com seu realismo doméstico e a anulação da distância estética, abala profundamente tal estrutura. Na medida em que se impõem, juntamente com a prosa coloquial, concepções sociológicas, o ouro, força mítico-demoníaca, se transforma em simples dinheiro e as relações financeiras e petrolíferas não se ajustam aos alexandrinos e aos cinco atos da *tragédie classique*, segundo a expressão de Brecht.

As concepções sociológicas, sobretudo a do marxismo, são fundamentalmente antitrágicas. O desespero, tanto para o marxista como para o cristão, é um pecado mortal. "Onde as causas do desastre são temporais, onde o conflito pode ser resolvido por recursos técnicos ou sociais, pode surgir o drama sério, mas não a tragédia" (George Steiner). Agamenon não pode ser salvo por melhores leis de divórcio, nem Édipo pela psicanálise. Tais recursos, porém, poderiam resolver algumas das crises mais graves da dramaturgia de Ibsen. E tanto Hegel, como mais recentemente Friedrich Dürrenmatt, ressaltam que no mundo atual, infinitamente mediado, a responsabilidade, sendo de todos e de ninguém, já não comporta a grandeza do herói mítico que, sozinho, decide o destino de um povo e assume toda a responsabilidade, integralmente.

A própria idéia da tragédia é atualmente criticada. Brecht combateu toda a cosmovisão ligada ao gênero, assim como a estrutura e finalidade (catarse) da tragédia, tais como expostas por Aristóteles. Na sua obra em que, contudo, não faltam elementos trágicos, procura "purificar" ou desmitificar o drama das concepções da tragédia, mostrando que o "destino" humano, longe de ser "inexorável", é histórico, portanto "exorável", e capaz de ser transformado. Em obras tão diversas como as de Ibsen e Brecht, os protagonistas freqüentemente não encontram a saída do dilema em que se debatem; ambos, porém, sugerem que a solução existe. Essa confiança na possibilidade de superar a crise marca a crise atual da tragédia. É um gênero que já não encontra condições favoráveis ao seu florescimento, a ponto de se falar da "morte da tragédia".

5. QUE É *MISE-EN-SCÈNE?*

5.1. *Que é a* Mise-en-Scène?

1. O teatro é a arte que transforma a literatura dramática em espetáculo. É a *mise-en-scène*, a encenação que adapta a peça teatral ao palco, valorizando-lhe as linhas principais e destacando o caráter peculiar de sua beleza. As obras dramáticas — embora em geral dotadas de vida cênica — representam por si só apenas um gêneros literário como a poesia lírica, o romance. São diálogos livrescos. Por maiores que sejam suas virtudes teatrais inerentes, tais como ritmo específico, movimento, dramaticidade, diálogo vivo, é só a encenação que lhes dá sua verdadeira vida, pois é só no palco que adquirem sua plena riqueza, graças à colaboração dos técnicos, atores, cenógrafos etc. É no palco que se transformam em vida e encontram sua expressão real. É a representação que lhes confere a totalidade da sua força. Sem o teatro, elas têm apenas uma existência potencial, por mais geniais, por mais brilhantes e admiráveis que sejam. Sua verdadeira força não se revela ao leitor, mas somente ao espectador.

A encenação é, portanto, a arte de animar e adaptar, por todos os meios que se coadunam com a necessária lealdade ao texto, uma obra literária de forma dramática ao palco.

2. Os meios para atingir esse fim são os mais diversos. Abrangem a decoração, o trabalho dos atores, sua gesticulação e interpretação, a atmosfera geral em que a peça se desenrola, a iluminação, os trajes dos atores que devem corresponder à decoração e à apresentação plástica, o concurso acústico dos ruídos e, eventualmente, da música, dos silêncios realçados pelos ruídos anteriores e posteriores etc.

É evidente, portanto, a enorme complexidade de uma encenação adequada, para cuja realização se contam com numerosos técnicos e que deverá, em cada caso, resolver às vezes problemas extremamente difíceis.

Mas todo esse aparelho deve servir aos fins principais da encenação – quais sejam os de dar à peça seu "clima" psicológico, traduzindo todas as sutilezas contidas nas entrelinhas do texto e que devem ser sugeridos, sem revelação brutal, ao espectador.

Portanto, o encenador, o *metteur-en-scène*, não colabora apenas com o cenógrafo, os técnicos de iluminação e de acústica, o maestro de uma eventual orquestra, mas também com os atores, de quem conhece a expressividade, as possibilidades físicas e pantomímicas, a sonoridade da voz, a capacidade de se adaptarem a determinado papel e aos quais sugere ou com os quais discute a maquilagem, os movimentos, a dicção específica, a interpretação adequada. É evidente que é um técnico completo e conhece todas as vantagens e desvantagens do palco em que apresentará determinada peça. Que está em contato com o contra-regra e os auxiliares que regulam as entradas em cena; que confia na colaboração dos pintores que se encarregam da execução dos cenários, tabuletas, placars etc.; que sabe da eficiência dos maquinistas que movimentam os cenários e armam as cenas; que conhece cada alçapão – o chão móvel por onde surgem e desaparecem em certos momentos determinadas personagens; que está em casa, no palco – no urdimento, naquele aparente caos de panos de fundo, rompimentos, bombolinas, fraldões, gambiarras, contrapesos, fios de arame, cordas, cavilhas, escadas de comunicação, corredores, tamboretes, onde os "homens da varanda" exercem sua atividade anônima; e da mesma forma está em casa debaixo do palco, no subterrâneo, de onde se movem os bastidores laterais, presos a carros (por intermédio de tangões), que giram no primeiro pavimento do subterrâneo. Os eletricistas são seus amigos especiais, pois deles depende o bom funcionamento da força motriz, dos holofotes e refletores e, enfim, todos os efeitos elétricos. Ele briga com alfaiates e costureiras e sugere ao caracterizador uma nuança na maquilagem de uma personagem importante.

3. Em toda encenação é regra essencial que ela, por mais rica, genial, multiforme e ampla que seja, nunca se deve tornar autônoma o que significaria uma traição ao espírito da peça, que ela adapta ao teatro – a não ser que se trate de revistas ou obras sem valor próprio. Uma encenação magnífica que não se subordina lealmente e com humildade ao espírito da peça é um fracasso. A encenação desenfreada, que se considera o seu próprio fim, é a ruina do verdadeiro teatro artístico.

De outro lado, todo meio adequado para realçar o espírito, a psicologia, a atmosfera duma peça pode ser empregado a justo título. E a arte do encenador tem de ser tanto maior quanto mais delicado e sutil for o espírito da peça. As obras, em que "muito acontece" só precisam do concurso de bons técnicos, as peças em que os acontecimentos são de ordem predominantemente íntima e psicológica, fracassam sem a arte de um grande encenador.

4. Decorre daí que toda peça exige uma encenação *sui generis*, de acordo com o seu estilo e ritmo íntimos. Isso naturalmente não exclui a variação no que se refere à interpretação por parte do *metteur-en-scène*. Uma peça como *Hamlet*, de Shakespeare, passou por mil variações no tocante à encenação. Cada época interpreta dada obra à sua maneira. É evidente, no entanto, que o ritmo íntimo e o espírito profundo da peça, embora interpretada em diversas épocas de diversas maneiras, precisam ser respeitados. Admitem-se as experiências e renovações de grandes encenadores como J.-L. Barrault, Max Reinhardt ou Erwin Piscator. Exige-se, todavia, que a essência da obra não seja sacrificada às imposições de um encenador demasiadamente "original". Assim, uma peça de Racine exige, forçosamente, uma encenação diversa da de uma obra de Hugo von Hofmansthal. Ibsen tornar-se-ia ridículo se se aplicasse às peças da sua fase realista uma encenação muito estilizada que, no entanto, pode adaptar-se perfeitamente a uma obra de Maeterlinck. Dentro da obra de um só autor como Gerhart Hauptmann há algumas que requerem uma encenação naturalista, e outras cujo valor só se revela em estilizações à maneira do Teatro de Arte de Moscou com suas encenações feéricas (do período posterior).

5. A responsabilidade da escolha de uma apresentação naturalista ou estilizada, simbólica – os pólos entre os quais se movem todas as encenações –, recai sobre os ombros do encenador, que geralmente, como é evidente, pertence a determinada escola e, ao invés de escolher a encenação, escolherá a peça que se enquadra nos preceitos da sua escola. A encenação naturalista procura copiar nos mínimos detalhes a realidade, com todos seus pormenores menos poéticos, procurando apresentar

a "vida vista através de uma janela", como se expressou Arno Holz, autor alemão da fase naturalista. Por conseguinte, encenador naturalista colocará os atores em posições adequadas e timbrará em não dar a mínima atenção ao público, tentando eliminar todas as convenções teatrais. A sala de espetáculo é a quarta parede, para a qual o ator, como na realidade, eventualmente vira as costas.

Já a encenação estilizada procurará criar uma transposição poética, lançando mão de símbolos e de caracterizações idealizadas ou carregadas de significados subentendidos.

Mas é evidente que mesmo o teatro realista não pode evitar estilizações. Toda arte, e o teatro em especial, é ligada a convenções já tornadas inconscientes e quase despercebidas, e nenhuma arte existe que queira imitar simplesmente a vida. Toda arte condensa, essencializa, dinamiza a vida, idealiza-a ou lhe exagera os defeitos, dramatiza-a, enche-a de significados, deforma-a; em uma palavra, estiliza-a. Mesmo a fotografia artística se esforça por tornar-se cada vez menos "fotografia", imitando a pintura, isto é, estilizando o objeto. Por mais naturalista que uma peça seja, tem de condensar poucas horas, o que talvez represente na realidade um processo de dias ou meses; suas figuras falam com relativa perfeição, são maquiladas para parecerem reais (pois se não o fossem, pareceriam no palco irreais) e movimentam-se segundo rigorosas prescrições ao longo de linhas cuidadosamente traçadas num palco que é subdividido em vários planos e segmentos, em cada um dos quais o ator tem sua precisa colocação. Um fragmento da vida real levado à cena sem estilização nenhuma, sem ser submetido às convenções teatrais (o que, aliás, seria impossível), teria seu fracasso total garantido. A estilização começa no momento em que o autor, por mais realista que seja, procura transpor em cenas dramáticas um "fragmento *significativo* da vida real".

6. Um dos grandes perigos que ameaçam o teatro verdadeiro é a mania de encenações excessivamente luxuosas. É evidente que há certas peças que exigem grandes recursos para levá-las à cena. Todavia, um teatro que se entrega ao vício de encenações excessivamente "deslumbrantes" vai inevitavelmente à falência. Um grande encenador realiza com poucos recursos milagres. E as peças imortais dos autores gregos e de Shakespeare não necessitam, em virtude da sua dramaticidade íntima e da sua linguagem tremendamente intensa, de encenações dispendiosas. Shakespeare escreveu peças geniais, em parte, porque, contando com os recursos relativamente pobres do teatro da sua época, tinha de dar todo o poder à palavra. Muitos autores fornecem hoje peças apenas aproveitáveis porque contam de antemão com o apoio de grandes encenadores que realizam verdadeiros milagres para transformar um "abacaxi" em êxito sofrível.

Se a pobreza da encenação não é uma virtude, pode-se dizer, contudo, que certas peças, em que o texto é de suprema importância, ganham com a simplicidade e discrição da *mise-en-scène*. Um ambiente demasiadamente rico, um manjar para os olhos, desviaria a atenção do público do essencial, isto é, neste caso, o texto.

7. É óbvio que o encenador tem de ser um homem de ampla cultura e visão aguda em matéria teatral, dotado de grande sensibilidade estética. Com freqüência tem de decidir sobre questões de complexidade suprema. Levando à cena uma peça da época romântica, cujo *sujet* se passa naquela mesma época, terá de decidir, de início, se o apresentará no ambiente daquela fase histórica ou se o transporá para nossa atualidade. Em certos casos, uma peça ganha com essa transposição, em outros fica arruinada em virtude das suas íntimas ligações com a época em questão. Uma peça de Ibsen, como a *Casa de Bonecas*, apresenta-se convenientemente nos trajes típicos do início do século (embora em determinados países, de costumes atrasados, possa ser apresentado em trajes

atuais). Outras peças de Ibsen, também da sua fase realista, suportam uma transposição com trajes modernos porque seus problemas ainda são os nossos.

E são conhecidas as tentativas de levar à cena mesmo peças de Shakespeare em trajes e com ambientes modernos.

8. Não se confunda o encenador com o cenógrafo, que realiza a decoração plástica e pictórica do palco, embora grandes cenógrafos tivessem se tornado às vezes encenadores (André Bersacq, Henri Brochet) e deva mesmo haver estreita colaboração entre eles. A encenação não consiste apenas na decoração. Tampouco se confunde o encenador com o ensaiador, diretor de cena ou *metteur-en-place* ou então com o contra-regra que regulam as entradas em cena, marcam os movimentos dos atores, ensaiam com eles e superintendem o serviço no palco, embora uma pessoa assuma com freqüência várias funções. Na França, o *régisseur* é responsável pelo espetáculo no que se refere ao serviço dos atores, ao passo que na Alemanha o *Regisseur* é aquele que na França se chama *metteur-en-scène*. No Brasil usam-se termos como ensaiador, diretor de cena e encenador sem muita discriminação, visto que freqüentemente as funções se reúnem numa só pessoa. O contra-regra é o homem que com seus auxiliares regula a entrada em cena dos atores e que se encarrega dos adereços (objetos) que são necessários no palco.

Mas a encenação, como decorre do que foi dito acima, transcende de longe a simples marcação (a *mise-en-place*), a minuciosa prescrição dos lugares que os atores têm de ocupar no palco e das suas deslocações e seus movimentos no decorrer do espetáculo; ela é também mais do que a decoração, o desempenho dos atores, o jogo das luzes e dos efeitos acústicos. Ela é ainda mais do que a soma de tudo isso, pois não é uma soma: é uma otalidade integrada em que cada parcela está em íntima correlação com a configuração total. Ela cria, em verda-

81

de, aquela íntima harmonia, aquele equilíbrio inefável entre a peça e sua realização, aquela coordenação de estilo entre aquela e esta e que requer a intervenção de um verdadeiro artista, de um homem de teatro que tem o pleno domínio dos seus meios, que conhece todas as sutilezas do ofício e que, todavia, sabe ser suficientemente humilde para refrear seu impulso criador de modo a interpretar lealmente o espírito da peça.

5.2. *A* Mise-en-Scène *da Grécia*

1. Todo mundo sabe que o anfiteatro antigo reunia as massas gregas (e romanas) ao ar livre, à luz natural do dia, sob o céu mediterrâneo. Assim, a própria natureza participava, por assim dizer, do espetáculo, com a presença do mar ou das montanhas próximas, dando ao cerimonial litúrgico da representação uma grandeza cósmica. Pois o teatro desenvolveu-se em todas as culturas, de início, a partir de cerimônias litúrgicas, ligado como era à religião. O espetáculo teatral possibilitava a comunhão das massas empolgadas por uma só fé e por uma só paixão coletiva. A arte não se separara ainda do mito e não se dirigia a um "público", a uma determinada elite cultivada, mas ao povo, em cujo seio esses mitos viviam e tinham realidade vigorosa e atual; assim, a arte possibilitava não só uma comunhão profunda das massas, mas também uma integração popular na essência da sua cultura, das suas crenças e da sua fé.

2. É evidente que Ésquilo, Sófocles e Eurípides escreveram suas peças para esse teatro e para esse povo, de modo que qualquer adaptação aos nossos palcos tradicionais e ao nosso público redunda geralmente em traição. Só em tempos mais recentes, em vista de uma forte corrente artística desejosa de reencontrar o mito, chegou-se a readaptações razoáveis.

Não podemos compreender a tragédia grega, quer

seja ela dialogação de ditirambos dionisíacos ou de elegias fúnebres, se não a compreendemos como fruto de uma fé religiosa, representando, como representa, o mito. E a esse motivo religioso se junta, no século clássico dos três grandes dramaturgos, outro motivo, o político. Com efeito, os espetáculos se apresentavam como um serviço litúrgico: as massas eram ao mesmo uma comunidade religiosa e política. A ruína política de Atenas provocou imediatamente a ruína da grande tragédia grega que floresceu apenas durante um século.

3. Ainda antes da construção dos anfiteatros como os de Atenas, Delfos, Éfeso e outros, existia o simples palco de madeira levado de cidade à cidade, o célebre carro de Téspis, o primeiro lendário encenador que introduziu o uso das máscaras. Os anfiteatros, mais tarde, eram construídos de pedra, cabendo naquele de Atenas trinta mil espectadores. Aos sacerdotes são reservados lugares de mármore. No semicírculo que cerca o anfiteatro, encontra-se a orquestra, pois o argumento da peça primitiva se apresentava como uma dança-balada. Todo espetáculo era uma totalidade de recitação, música e mímica. Só mais tarde, uma forma peculiar dessa dança-balada – o ditirambo dionisíaco (Dioniso e Baco, dois nomes para o deus do vinho) – transformou-se no drama propriamente dito. No centro da orquestra ergue-se o altar de Baco, onde o coro realiza suas evoluções rítmicas. Os atores trabalham numa cena, cujo fundo é limitado por um muro permanente, por trás do qual uma construção continha os depósitos para os cenários e os camarins para os atores.

4. A decoração era rica, particularmente na parte fixa – esculturas, pórticos, altares. Além disso, havia cenários variáveis que representavam a cidade, o mar, a montanha, o campo, fragmentos de paisagens pintados sobre os bastidores e sobre o muro. Havia decorações laterais que se moviam por rotação e outras deslocáveis em sentido transversal. Não faltava aparelhamento para suscitar

83

a ilusão de tempestades, trovões, relâmpagos, aparições, bem como para possibilitar aos deuses a deslocação no espaço, suspensos nas alturas. Como em nossos tempos, um pano de boca, levantado de baixo para cima, cobria os preparativos do espetáculo.

5. Em conseqüência do tamanho enorme do anfiteatro, o ator se servia de coturnos a fim de aumentar sua altura, e de máscaras a fim de acentuar-lhe os traços da fisionomia trágica, ampliando, possivelmente, ao mesmo tempo, o volume da voz. A máscara, ao que parece, era feita de tela, às vezes de madeira de pouca espessura, coberta por uma camada de gesso. Na cobertura superior colocava-se a peruca. É evidente que as máscaras anulavam o jogo fisionômico dos atores; mas a multiplicação enorme de máscaras para todos os tipos possíveis compensava esse defeito. Além disso, o jogo fisionômico se teria perdido em vista da grande distância que separava os espectadores e os atores. De construção perfeita, as máscaras se tornavam verdadeiras caixas harmônicas, devido à cavidade circundante que focalizava o som para lançá-lo reforçado ao espaço. Cada ator andava, por assim dizer, com seu alto-falante particular.

Com o tempo, as máscaras iam se enriquecendo até chegarem a um alto grau de expressividade, havendo numerosas séries que correspondiam a determinados tipos representados.

A altura do coturno dependia da posição da figura representada, cuja dignidade era ainda salientada por peitos e ventres postiços.

6. Ao lado do coro, que ordinariamente ficava com a orquestra, desempenhavam os principais papéis três atores, cada um representando, graças às máscaras, várias personagens. O coro costumava mover-se segundo um ritmo rigorosamente fixado, virando-se e revirando-se logo à direita, logo à esquerda do altar, logo de frente, logo de costas, cantando concomitantemente as estrofes e antístrofes, espécie de alternação entre pergunta e res-

posta, sendo que toda a parte lírica cantada era sustenta-da pela flauta.

7. O teatro romano é mais grandioso e mais maciço, no que se refere à sua arquitetura, mas conserva essen-cialmente a construção grega. Mas a orquestra – cons-truída em semicírculo – já não abriga o coro e sim os lu-gares reservados aos magistrados. Um muro baixo sepa-ra a orquestra do proscênio, a parte mais avançada do palco, visível mesmo com o pano descido (ou levantado). O fundo permanente do teatro era constituído de um muro atravessado por três grandes entradas, por trás das quais se encontravam as instalações, camarins, depósitos etc. Mencionamos o Teatro de Marcelo, entre o Tibre e o Capitólio, o de Pompéia, com quarenta mil bancos de dois lugares, e o de Herculano.

Em todas as construções romanas se nota a afir-mação do colossal, do luxo arquitetônico e decorativo e uma ambição desmedida de poder e magnitude. Mas o público romano dava preferência às arenas. Pouco de original surgiu no teatro romano, excetuando-se as farsas populares, origem longínqua da *commedia dell'arte* ita-liana. Verdade é que a orquestra se enriqueceu com címbalos e trombetas e com o elemento feminino: o tea-tro grego não admitia a presença de atrizes.

5.3. *A* Mise-en-Scène *da Idade Média*

1. A magia, como se sabe, é um sistema dos povos "primitivos" e "pré-lógicos" de obter o auxílio de forças sobrenaturais para dominar as forças da natureza. Dese-nhando, dançando, representando simbolicamente a chu-va, espera-se atraí-la. Assim desenvolveram-se rituais e cerimônias elaborados de fecundidade, que, pela repre-sentação mágica, tentaram atrair fecundidade para o solo e para as mulheres. É daí que nasce a representação tea-tral, intimamente ligada, de início, ao ritual mágico.

Do ofício sagrado ao drama litúrgico é só um passo, e desse último emancipa-se, no decorrer dos anos, o drama profano. Não resta a menor dúvida de que, no início da Idade Média, os próprios sacerdotes eram não só os "encenadores" mas também os intérpretes na sagrada cena em que os momentos dominantes eram o altar, o coro e o púlpito. A vida dos santos oferecia belos motivos de elaboração dramatúrgica, com seus milagres e lances de martírio, abnegação e heroísmo; a cena desloca-se até o pátio, onde se constroem logo palcos primitivos de tábuas, enquanto o vestíbulo e a fachada do santuário se tornam decoração.

2. Talvez bem antes do século XII era de praxe três diáconos cantarem a Paixão; um representava Cristo, outro o narrador, um terceiro se encarregava das respostas do povo e dos apóstolos. Mais tarde passou-se a representar outras passagens da Bíblia e trechos da vida dos grandes vultos da Igreja, com solos, coros e mesmo com orquestras. Na medida em que a participação de leigos se tornava indispensável, o latim é substituído pela língua nacional.

A elaboração dramatúrgica foi facilitada pelo fato de que parte do Novo Testamento tem caráter de diálogo, de modo que se apresentou sem dificuldade a idéia de fazê-lo pronunciar por diversas figuras. De início tratava-se de cantos alternados entre o sacerdote e a comunidade ou um coro que representava aquela. A isso se ajuntava a ação indispensável, os sacerdotes passaram a trajar-se de acordo com os papéis representados (anjos, mulheres etc.).

3. A encenação do "mistério" (nome dos espetáculos religiosos) distingue-se da antiga, e também da moderna (em geral), essencialmente pela simultaneidade. A encenação antiga e moderna (com certas exceções) é sempre sucessiva, as cenas seguem-se no decorrer do drama e os fundos e cenários transformam-se de conformidade, seguindo-se um cenário após outro. Não foi esse o sistema

da Idade Média e em parte até o século XVII. Todos os lugares, em que a ação iria desenrolar-se, com os cenários respectivos, são de antemão montados e se encontram à vista do espectador. No apogeu dos "mistérios" (séculos XIV e XV), o povo se reunia geralmente numa praça pública, naturalmente a maior da cidade; de um lado, encostada geralmente à igreja, erguia-se a plataforma do palco, que às vezes atingia uma largura de cinqüenta metros, se não se estendia por parte da cidade, caso em que o povo acompanhava as evoluções dos atores. E tal amplitude da cena era indispensável em vista da simultaneidade da encenação, apresentando-se conjuntamente todos os lugares e *décors* que no desenrolar sucessivo da ação iriam ser utilizados. Não podemos entrar aqui no mérito da questão e explicar o peculiar conceito do tempo que justificava tal encenação. Em caso de um número excessivo de cenários e "lugares" necessários (uma representação da Paixão, com Jesus se transportando de Belém a Jerusalém, requeria facilmente mais de vinte tablados diferentes), admitiam-se até cenários superpostos, elevados, com degraus, vários planos etc., mesmo para representar as esferas celestes e infernais.

4. O mistério medieval é essencialmente épico, e apresenta, portanto, ao espectador tudo o que aconteceu, com todos os pormenores, sem seleção das cenas essenciais e sem o recurso de que alguém conta o que aconteceu em outro lugar. "Via-se tudo."

Por conseguinte, o número das figuras ultrapassa com freqüência as centenas, e a apresentação de um mistério ocupava boa parte dos cidadãos da cidade. Exigia, com efeito, como ainda hoje por ocasião da apresentação da Paixão em Oberammergau, na Alemanha, a colaboração de todas as camadas sociais, das corporações e outras agremiações, que, todas elas, reunidas em torno do clero, se lançavam à aventura teatral que assim se transformava em grande festa popular, dotada de todas as características de uma comunhão íntima em torno do "mito", da mesma forma como na antiga Grécia.

5. O homem medieval tinha uma grande paixão pelo espetáculo e pelo espetacular. Tanto assim que o teatro medieval é de certa maneira um teatro puro, quase independente da literatura. O "mestre do jogo", o encenador medieval, anônimo embora, fazia seu teatro com uma autonomia desconhecida antes e depois, pois não se apoiava em qualquer literatura dramática de real valor. Assim, é perfeitamente certa a afirmação de Gustave Larson: "Nenhuma época mostrou melhor a absoluta diferença que separa o teatro da literatura". O encenador medieval criava seu espetáculo com o material bruto fornecido pela tradição sagrada, sem contar quase nunca com o concurso de um grande poeta dramático, pois, por motivos que não é preciso especificar aqui, os grandes poetas medievais preferiram os gêneros da poesia lírica e épica ao drama.

6. Ao encenar suas peças, o "mestre do jogo" contava com um grande aparelho cênico. Diante dos panos e cortinas de fundo aconteceram todos os milagres numa curiosa mistura de realismo, estilização e fantasia, as figuras da história sagrada se moviam em trajes medievais, inúmeros acessórios e complicadas máquinas movidos por guinchos e contrapesos facilitavam-lhes a ubiqüidade e a deslocação pelos espaços afora como se tornava necessário para um anjo ou demônio suficientemente real. Realizavam-se aparições de seres sobre-humanos, as chamas do inferno se elevavam com todo o realismo, trovões, relâmpagos, chuvas e tempestades se descarregavam sobre o palco medieval, animais mecânicos, gigantes, anões e monstros de toda espécie pululavam e manequins sofriam tremendas torturas. Judas, enforcado, deixava escapar debaixo do colete medieval um passarinho e as entranhas de um animal saíam realisticamente do seu ventre. As próprias crucificações costumavam ser apresentadas com tamanha crueza que alguns dos atores

sofriam graves danos físicos. A descida do Espírito Santo realizava-se entre chamas produzidas com o auxílio de álcool.

7. Como mencionado, a apresentação do mistério costumava ser precedida de um longo trabalho coletivo de muitos cidadãos que confeccionavam os costumes, construíam as máquinas e ensaiavam, durante meses, sob a direção do encenador, geralmente um padre que era ao mesmo tempo o autor e coordenava todos os elementos do conjunto, quais sejam, movimentos, gestos, texto, música etc. Antes do grande dia, todo o *ansemble*, às vezes já em trajes teatrais, percorria em massa a cidade, formando uma bombástica parada, como ainda hoje costumam fazer os conjuntos circenses ao chegarem às pequenas cidades onde vão realizar os seus espetáculos. De acordo com o caráter épico do teatro medieval, a representação levava às vezes vários dias e em determinados casos mais de um mês. Para dar um caráter mais popular às largas passagens religiosas, inseriam-se com freqüência cenas burlescas e cômicas – de uma comicidade às vezes extremamente rude e grosseira –, mas esse teatro cômico, essas farsas também eram levadas à cena independentemente; existia durante grande parte da Idade Média uma corrente teatral cômica, ao lado da religiosa dos mistérios, de caráter carnavalesca, freqüentemente pornográfica, e em todos os casos os papéis femininos eram desempenhados por homens. Todavia, o público feminino costumava ser amplo mesmo por ocasião da apresentação das farsas mais pornográficas.

8. A vida teatral da Idade Média era, não contando com a existência de teatros fixos e de espetáculos regulares e permanentes ou firmemente organizados, rica, espontânea e festiva, florescendo em escolas, conventos, universidades e simplesmente em praça pública. Tão espontânea, que mesmo antes de ser introduzido o palco montado ao lado da igreja, ela irrompia em plena rua, na forma de cortejos e paradas, espécie de blocos carnava-

lescos, evoluções rítmicas – como ainda são típicas hoje no Brasil –, com grande riqueza pantomímica: um teatro popular, portanto, em puro estado de "teatro", sem "literatura" nenhuma.

Há muita ingenuidade no teatro medieval, mas também uma certa grandeza que decorre da unidade da cosmovisão de que todo o povo estava profundamente impregnado. Toda essa grandiosa unidade de teatro e povo, texto e tradição religiosa, forçosamente tinha de desfazer-se no momento em que se desfazia a unidade política, espiritual e religiosa e toda a cosmovisão da Idade Média. E todas as tentativas de reviver o teatro medieval (e há muitas em tempos recentes) são, na maioria dos casos, condenadas ao fracasso por não poderem reviver aquela unidade original. Somente em grandes festas populares se reencontra às vezes o espírito daquela comunhão e unidade que o teatro medieval criava. Mas o nosso tempo, de certo modo tão inclinado para o popular e coletivo, teria de encontrar um novo mito, uma nova unidade espiritual para recriar o grande teatro popular.

5.4. *A* Mise-en-Scène *até o Século XVIII*

1. Durante toda a Idade Média, ou, a bem dizer, durante quinze séculos, o teatro, na medida em que havia tal coisa, funcionava sem contar com construções permanentes, como palcos erguidos nas praças ou pátios, em conventos ou escolas.

Ainda durante a maior parte do século XVI, as companhias inglesas ambulantes, que percorreram grande parte da Europa, trabalhavam freqüentemente nos pátios de velhos albergues, cercados de galerias, encostando seu palco contra uma das fachadas do prédio, ao ar livre. É nas próprias ruas e esquinas que os profissionais da *commedia dell'arte* italiana, geniais palhaços, acrobatas, saltimbancos e prestidigitadores, se produzem. A maior parte dos antigos palcos de Londres, bem como os de Madri e Lisboa se caracterizam por essa disposição. O *corral* espanhol é semelhante ao palco elisabetano. Sob o céu, o pátio é cercado por duas ou três filas de galerias, ou há simplesmente assentos nas sacadas ou nas janelas das casas anexas. Alguns bancos aqui e acolá mas a grande parte da assistência fica em pé. A cena, à altura de um homem, mais ou menos, penetra no pátio, cercado dos três lados pelos espectadores. No fundo do palco abrem-se portas, e à meia-altura vê-se a célebre varanda de peitoril (aque conhecemos de *Romeu e Julieta*. Em cima do palco, bem ao alto, há um teto sustentado por colunas. Assim, há certas possibilidades de um jogo variado que o teatro elisabetano sabe aproveitar maravilhosamente. Os atores podem trabalhar sucessivamente ou ao mesmo tempo no proscênio, na parte mais avançada da caixa do teatro, limitada por um pano estendido entre as colunas; podem fazer suas evoluções na própria cena, no fundo da cena, abrindo-se as portas ou, finalmente, na sacada ou varanda.

2. Não havendo cenários no sentido exato da palavra, há, todavia, praticáveis, tablados, onde várias pessoas podem representar em plano elevado, há panos e cortinas e numerosos acessórios que possibilitam combinações variadas e encenações proteiformes.

Somente em 1596 se iniciou, no teatro inglês, a construção de salas de teatro fechadas, surgindo daí numerosos problemas de iluminação que se costumavam resolver colocando tecidos multicores nas janelas que filtravam a luz de maneira própria para os efeitos do espetáculo.

3. Bem antes, porém, já se construíram na Itália teatros cobertos, em estilo antigo, sob a poderosa influência do Renascimento e do humanismo, enquanto a Reforma luterana na Alemanha não era propícia à vida teatral, embora dela se aproveitasse, em certa medida, para fins de propaganda.

Os primeiros teatros da modernidade, na Itália, eram construções a serviço de indivíduos cultos e ricos; assim, por exemplo, o teatro erguido pelo cardeal Francesco Gonzaga no seu palácio em Mântua (1472), ou pelo duque da Ércola, na sua residência em Ferrara (1486). Mesmo numa parte do Vaticano surgiu um teatro.

Só mais tarde se construíram teatros públicos, como, por exemplo, em 1580 o Teatro Olímpico, mais tarde o maior teatro da Europa, o de Mântua, para quatro mil espectadores, o qual possuía cenários móveis, ao passo que os dos teatros anteriormente mencionados eram fixos, contando apenas com uma espécie de parede móvel que desempenhava o papel do futuro pano de boca.

Da Itália, de resto vieram os grandes tipos e tradições da *commedia dell'arte* que influenciaram profundamente o teatro cômico da Europa, e de lá veio também a pompa barroca da ópera.

4. Quanto aos "mistérios", iam-se corrompendo com o tempo por uma secularização cada vez maior, pela intercalação crescente de cenas cômicas e mesmo licenciosas que correspondiam ao gosto rude do povo. Tais fatos faziam com que a própria Igreja, com freqüência, se dirigisse contra os mistérios, e, em 1548, o Parlamento de Paris interditou aos Confrères de la Passion – grupo que teve em Paris o monopólio de apresentar mistérios e que no Hôtel de Bourbogne fez funcionar o primeiro teatro francês especialmente construído (1548) –, interditou, dizíamos, a esse grupo a apresentação de histórias santas em espetáculos.

Todavia, mais de um século decorreu até que surgisse na França a chamada "tragédia clássica", cuja essência cênica é o *décor* único que substitui os cenários simultâneos da Idade Média. Durante o longo tempo de transição, o cenário simultâneo no teatro dos Confrères continuava dominando.

Com efeito, a cena francesa desse século atrasou-se consideravelmente com relação à Itália, à grande tradição da Espanha, onde brilhava um Lope de Vega, e com relação à época elisabetana da Inglaterra.

A lenta evolução da cena francesa amadureceu com frutos de duvidosa qualidade, sob o ponto de vista estritamente teatral. Em 1572, Jean de la Taille proclamou pela primeira vez a regra das "três unidades" (do tempo, do lugar, da ação), invocando a autoridade de Aristóteles, aliás, mal-interpretado. Enquanto os comediantes profissionais, que no Hôtel de Bourbogne sucederam os Confrères, se dedicavam ainda ao grande espetáculo profano, utilizando fartamente o material cântico e decorativo deixado pelos "mistérios", bem de acordo aliás com o gosto popular, com inserção de cenas pornográficas, era sumamente difícil montar nos outros teatros, de cena muito exígua, o enorme aparelho do palco simultâneo. Tal fato material, que limitava a exploração cênica do grande espetáculo, contribuiu em parte para a vitória do cenário único do classicismo francês.

Assim, os chamados *petits comédiens*, instalando-se no teatro de Marès (1634), de poucas possibilidades cênicas, tornaram-se os pioneiros da novidade classicista, da "peça regular" com suas três unidades. Substituem a justaposição das cenas pela unidade absoluta de um só lugar, onde se desenrola toda a ação da tragédia clássica.

Mas se esse classicismo parece ser, em parte, imposto pelas circunstâncias materiais do teatro francês daquela época, não se deve deixar de reconhecer que ele também tem raízes mais profundas. Grandes dramaturgos como Corneille e Racine procuravam criar um drama mais concentrado, tentando sobrepor a psicologia, a análise sentimental à mera ação exterior. Além de tudo, o racionalismo cartesiano, predominante no século XVII, opõe-se à convenção teatral, visando, ao contrário, impor uma nova espécie de realismo, isto é, uma adequação entre duração do *sujet* e a duração do espetáculo, entre a cena fixa dos acontecimentos e a cena fixa do palco. Mas com isso empobreceram o teatro, criando uma nova convenção provavelmente mais afastada da realidade do que a anterior. Esse anseio por "verossimilhança" – não se pode apresentar em poucas horas o que na realidade aconteceu em trinta anos e em várias cidades; portanto, concentramos tudo em um só lugar em vinte e quatro horas –, esse realismo cartesiano, embora tenha criado uma grande literatura teatral, não se coaduna com a essência do teatro. Surpreende-nos, contudo, que, uma vez abolida a cena simultânea, não se tenha introduzido naquela época a cena sucessiva na França. Isso decorre das poucas possibilidades cênicas daqueles teatros, pouco adequados, mas também de uma teoria que fazia da necessidade uma virtude. Trata-se, realmente, como já se dizia, de um "glorioso impasse", um impasse que criou, afinal, o teatro de Corneille, Racine e Molière.

5. Molière é um grande e admirável encenador. Instalou-se, após longas peregrinações pela província – verdadeiros anos de aprendizagem –, em 1658 no Petit Bourbon e, mais tarde, no Palais Royal, construído por Richelieu. A companhia de Molière tornou-se insuperável no terreno da comédia.

No teatro de Molière, a decoração não tem grande importância; essencial era o desempenho dos atores. Molière, *régisseur* e ensaiador em grande estilo, fazia questão absoluta do harmonioso jogo do conjunto. Empenhou-se em fazer com que seus atores representassem e falassem de modo natural, "recitando como se fala"; opunha-se à pronúncia teatral dos versos. "Façam o possível", exigia dos atores, "para apreender bem o caráter dos papéis, imaginando que realmente são o que representam." Particularmente cuidou da verdade psicológica tanto das figuras por ele criadas como do desempenho da sua companhia, estudando nos mínimos detalhes os movimentos, gestos e comportamento dos atores no palco. Nas comédias de Molière há, de conformidade com essa tendência ao exato, indicações bastante precisas no tocante à marcação etc.

94

A tradição de Molière – cenário pobre, grande desempenho – manteve-se durante muito tempo em harmonia com as possibilidades insignificantes da maioria dos teatros, no terreno decorativo, com exceção do Hôtel de Bourbogne, onde continua uma tradição antiga de certo esplendor cênico. Outro teatro, o Marais, especializa-se na apresentação de peças espetaculares, em que a "máquina" do palco predomina. Tal gosto pelo espetacular, pela pompa e variedade, pelo teatral, se cristaliza na ópera que nessa época começa a ensaiar seus primeiros vôos, partindo da Itália, onde logo atingiu grande perfeição o teatro cantado.

É, portanto, na ópera que a decoração, o "grande teatro", a máquina triunfa. O palco, continuando pobre no que se refere ao *décor* propriamente dito, é enriquecido pelo aproveitamento máximo do aparelho: uma imensidão de "truques" surpreendem o espectador, dragões terríficos arrepiam o público, fantasmas aparecem e desaparecem misteriosamente, em suma, a máquina faz o possível para criar espetáculos que correspondem ao gosto barroco da época (século XVII). De início, há preponderância de italianos – Sabbatini, Livardi, Perruchetti. Depois surgem alguns franceses de destaque: Berain, Boucher, Belanger etc.

6. O teatro classicista, essencialmente racionalista, caracterizara-se por uma falta marcante de sensibilidade histórica. O racionalismo, visando sempre ao típico e geral, ao abstrato, ao humano na sua essência eterna, não se preocupava com a situação histórica em que o ser humano se encontra. Tal fato se reflete nos *décors* do teatro classicista, sempre os mesmos, onde quer que o *sujet* se passe, na antiga Grécia, na Roma bárbara ou na Roma altamente civilizada da época imperialista. Tanto assim que os próprios trajes dos atores se assemelham mais aos da corte de Luís XIV ou XV ou XVI do que a uma imitação mesmo longínqua dos trajes antigos.

No fim do século XVIII nota-se uma nítida reação a esse estado de coisas. Surge uma mais profunda concepção da história, percebe-se, em grande parte da Europa, o despertar de um vivo sentimento histórico, ligado a uma nova concepção do fenômeno individual e inefável. O racionalismo clássico, embora individualista, valorizava principalmente a razão humana, entidade igual em todos os indivíduos. Acentuava a essencial identidade de todos os seres pertencentes à espécie *Homo sapiens*. Por isso, pouca importância ligava à situação histórica em que determinadas figuras trágicas se encontravam.

A reação a tais concepções, particularmente violenta na Alemanha, onde o movimento irracionalista do *Sturm und Drang* (*Tempestade e Ímpeto*) representa uma espécie de pré-romantismo, fortemente influenciada por certas tendências inglesas e pela redescoberta de Shakespeare, essa reação deveria, naturalmente, encontrar expressão na encenação teatral. O próprio Lessing, ainda integrado na Ilustração racionalista, já combatera com grande agudeza o teatro classicista francês, com suas rígidas três unidades, glorificando, como exemplo de um teatro genial e independente de "unidades", o drama de Shakespeare. Herder, inspirador do jovem Goethe, dotado de grande sensibilidade histórica, apresenta traduções de Shakespeare e acentua a necessidade da "cor local", da atmosfera peculiar que reflita a situação singular e o "clima" do mundo poético criado pelo gênio. Mas o impulso revolucionário desses homens forçosamente tinha de manter-se nos limites teóricos, visto não ter existido, naquela época, na Alemanha, um teatro à altura de tais concepções.

7. Mas também na França as peças de Voltaire, como por exemplo o *Maomé*, exigem uma certa cor local. Beaumarchais, grande precursor, timbra em especificar numerosos detalhes do *décor*, da distribuição dos acessórios e da exatidão dos trajes. Em *Eugénie* (1767) pormenoriza um *salon à la française* e explica: "A fim de en-

tender várias cenas, cujo efeito depende do jogo teatral, acreditei dever fazer constar aqui a disposição exata do salão. Tudo o que tenda a dar verdade é precioso num drama sério, e a ilusão depende mais das coisas pequenas do que das grandes". Não comentamos aqui o conceito da "ilusão" teatral: trata-se de um conceito tradicional, mas seria difícil defender-lhe a veracidade. Todavia, a concepção de Beaumarchais representa um grande progresso, historicamente falando.

8. A revolução principal, porém, é a introdução dos *décors sucessivos*, tanto nas tragédias como nas comédias. Conservaram-se as indicações exatas dos cenários de *As Bodas de Fígaro*, através dos desenhos de Saint-Quentin, da edição de 1785. Com isso muda toda a estrutura do teatro, mesmo nos seus aspectos literários. A própria concepção da peça adaptar-se-á, daqui em diante, à necessidade de rápidas mudanças cênicas, que deverão ser executadas com facilidade e precisão. A *mise-en-scène* será desde então, e particularmente em virtude do impulso do romantismo, teatro no verdadeiro sentido da palavra, não tendo de ficar envergonhada diante do esplendor e variedade da ópera. Ainda que toda a ênfase inicial, ao irromper a moda romântica do exotismo, se concentre no exagero do "pitoresco", ao invés de ater-se à verdadeira "cor local", não se pode negar que se trata de um grande passo adiante.

5.5. O Romantismo

1. O romantismo não é somente um movimento estético, mas, de uma maneira geral, uma nova atitude em face da vida. Tendo suas raízes "pré-românticas" na Inglaterra, começou a florescer primeiramente na Alemanha, atravessando a fronteira franco-alemã em virtude da propaganda de Madame de Stäel, amiga de um dos cabeças do romantismo alemão, Friedrich Wilhelm von

Schlegel, e tomando em seguida conta, através da mediação francesa, de toda a Europa, inclusive da Inglaterra, onde primeiramente encontrara uma tímida expressão.

Ao racionalismo cartesiano, até então dominante, o romantismo opõe o irracionalismo do instinto, da paixão, do sentimento, da emoção (pelo menos em tese). Ao individualismo "democrático" e quantitativo da época da Ilustração, o romantismo opõe o individualismo aristocrático e qualitativo da personalidade excepcional, do gênio, criador de mundos poéticos.

2. Embora, ao nosso ver, tenha sido um alemão o maior criador no terreno do drama romântico, Heinrich von Kleist (1777-1811), é, no entanto, a França que cria um verdadeiro teatro romântico. Victor Hugo repete o trabalho, já realizado anteriormente por Lessing, de refutar a regra das três unidades, baseando seu ataque, como os antagonistas classicistas, na verossimilhança. "Os rotineiros", escreve em 1827, "pretendem apoiar sua regra das unidades na verossimilhança, enquanto essa regra mata precisamente o real." Como Herder, anteriormente, acentua a importância da "localidade exata, um dos primeiros elementos da realidade [...] O lugar onde tal ou tal catástrofe se desenrolou torna-se testemunha terrível e inseparável; e a ausência dessa espécie de personagem muda desfaria no drama as maiores cenas históricas".

3. O romantismo, em virtude do seu acentuado senso de historicidade e, por isso, da singularidade dos processos históricos (que nunca se repetem!), timbra em dar toda a "cor local" e "temporal", toda a atmosfera do momento fugidio, às cenas e situações, conferindo, por conseguinte, um impulso vigoroso à *mise-en-scène*.

Todavia, não se confunda essa "verdade histórica" e essa tendência "realista" com o realismo e naturalismo posteriores. O que se visa é uma verdade estética, não naturalista, pois a verdade da arte não é a da natureza.

Justificam assim os românticos, acentuando uma verdade essencial e profunda, a convenção teatral que visa a criar uma imagem concentrada e essencializada da realidade. O drama é um *miroir* de concentração – uma espécie de lente concentradora. Assim, Victor Hugo segue as pegadas de Beaumarchais, dando inúmeras indicações precisas que fixam os *décors* e o jogo de cena. Minuciosos como ele eram também Scribe, os dois Dumas, Sardou e compositores de óperas como Meyerber e Gounod.

Sardou, em particular, introduziu "móveis verdadeiros" no palco, expulsando os móveis pintados ou os acessórios que representavam móveis. O impulso do romantismo enriqueceu enormemente a arte cenográfica, tornou-a mais variável, mais lírica, trabalhava com grandes *décors* pintados, com trajes mais artísticos e adequados e fazia o máximo uso de uma técnica em constante progresso. Reproduzia no palco o fantástico, o feérico, um mundo de sonhos, as passagens noturnas, as ruínas históricas, o lusco-fusco e as atmosferas nuançadas que refletiam os processos psicológicas das figuras.

4. Digno de menção é particularmente o fato de que os românticos começam a fazer o máximo uso possível da iluminação – um dos problemas essenciais de toda *mise-en-scène*. Pois, afinal, todo o efeito do cenário depende da iluminação, e a iluminação, a partir do momento em que o teatro se transfere para uma sala fechada e coberta, tem de ser artificial, capaz de pôr em relevo o jogo dos atores. O próprio efeito da escuridão, do amanhecer, das passagens noturnas, depende de efeitos de iluminação e de suficiente claridade das cenas anteriores a fim de destacar tanto mais a escuridão das cenas noturnas. Um palco semi-escuro não pode apresentar cenas noturnas.

De início, palcos e teatros são iluminados por velas de cera ou sebo, de cujo funcionamento é encarregada uma equipe de especialistas. Sempre havia o perigo de incêndios. Em 1719, como consta, a Comédie Française era iluminada por duzentos e sessenta e oito velas, no todo. O resultado deve ter sido, para nossos olhos, bastante fraco. Já em 1783 somente a rampa da Comédie Française contava com cento e vinte e oito velas de cera. Grande revolução representava a introdução da lâmpada a óleo, inventada por Quinquet (1784). Em 1821 introduziu-se a lâmpada a gás que facilitava a iluminação colorida, largamente aproveitada pelos românticos. Em 1898, finalmente, introduz-se a eletricidade que cria possibilidades nunca sonhados de *mise-en-scène*: os meios mais avançados da técnica, por estranho que pareça, possibilitam ao encenador as maiores fugas da realidade; dão-lhe oportunidade para transformar a cena em sonho, em delírio feérico, em fantasias demoníacas e angelicais. Sem a "colaboração" da luz, o melodrama, a opereta, a ópera romântica de um Carl M: ria von Weber e de um Richard Wagner, o drama lírico — todo esse grande teatro do século XIX — teria sido impossível. A luz elétrica, particularmente, permitia efeitos que até então representavam tremendos problemas teatrais. Aparições, tempestades, relâmpagos, alucinações, fantasmas — tudo isso foi facilitado enormemente pela domesticação da energia elétrica e pela invenção de Edison.

5.6. Realismo e Naturalismo

1. Durante certo tempo dominaram os Victor Hugo, Dumas, E. Scribe etc., os palcos da Europa, o último com suas comédias, os primeiros com seus dramas históricos, tecnicamente bem construídos, de desenho violento, visando sempre a forte emoção do público.

2. De importância no teatro europeu é, em meados do século, o diretor do Burgtheater, de Viena, Heinrich Laube, que visava a uma rigorosa educação dos atores e acentuava em demasia efeitos mecânicos e cuidadosamente calculados.

100

3. O realismo recebeu o primeiro impulso pela companhia teatral da corte do duque de Meiningen (Alemanha), que em 1874 veio em turnê a Berlim, apresentando o *Júlio César* de Shakespeare. O êxito foi impressionante em conseqüência da rigorosa execução de um lema fundamental: subordinar tudo às intenções do poeta, realizando-as com o emprego de todos os meios da arte de representar e da técnica cênica; meticulosa obediência à cor local e histórica, tanto nos *décors* como nos trajes. Com um cuidado extremo e com dispêndio de grandes somas, os Meininger criaram para o drama os moldes artísticos adequados (importância semelhante gastara-se até agora só para a encenação de óperas). Assim, emprestaram às peças clássicas uma nova sedução, particularmente no que se refere à apresentação sensorial. A encenação realista dos Meininger, aplicada particularmente às peças históricas, contribuiu amplamente para a divulgação do teatro na Europa.

A segunda renovação dos Meininger foi a supressão rigorosa do virtuosismo de determinados atores ou atrizes, dominante em muitos palcos desde o Renascimento, da mesma forma como hoje no cinema. Todos os atores tinham de servir com lealdade e abnegação, dentro do conjunto, à perfeita apresentação da obra-total – fruto de uma unidade completa de poesia, representação, encenação, *décor* etc. Nenhum ator podia recusar a aceitação de qualquer papel, por mais insignificante que fosse. O próprio duque de Meiningen, com a colaboração do *Regisseur* L. Chronegk, se encarregava da encenação e dos inúmeros ensaios que, com meticulosidade alemã, visaram a realizações absolutamente perfeitas e a um funcionamento garantido do espetáculo de que participavam inúmeros comparsas. Tal sistema produziu enormes êxitos em cenas de multidões, em peças de Schiller, tais como *Os Bandoleiros, Fiesco, Wallenstein, A Donzela de Orléans* etc. Tanto assim que as cenas coletivas ultrapassavam, nesse teatro, o efeito dos grandes monólogos que até então se afiguravam como parte substancial de todo êxito teatral.

Esse grupo percorreu durante dezessete anos (1874 a 1890) a Alemanha e outros países, levando à cena quarenta e uma peças em duas mil quinhentas e noventa e uma apresentações, principalmente de Schiller, Shakespeare, mas também de Ibsen, Björnson e outros.

4. O teatro realista dos Meininger influenciou profundamente André Antoine (1858-1943), cujo primeiro espetáculo no Théâtre Libre se realizou em 1887. Mas não deixou de incluir também na primeira fase o grande encenador russo, Stanislavski. Antoine sofreu, além dessa influência dos Meininger, principalmente a de vários autores marcados pelas teorias de Emile Zola.

Antoine empenhou-se com vigor por abolir as convenções dominantes, desenvolvendo os cenários, o uso de móveis reais e de múltiplos acessórios. Coloca, em lugar de janelas e portas pintadas, portas e janelas verdadeiras. O realismo do detalhe preocupa-o constantemente, às vezes com um pedantismo que vai até o ridículo (fazia questão absoluta de pendurar, num açougue teatral, verdadeiros pedaços de carne). Tratava-se de uma concepção extremamente superficial da realidade, esta compreendida como a realidade exterior dos nossos sentidos. Também no que se refere ao trabalho de atores, exigia máxima "verdade", abolindo gestos e movimentos teatrais; tanto assim que fazia os atores virarem as costas para o público, negligenciarem, de propósito, a dicção, articularem de modo cotidiano as palavras etc. Tais preceitos, embora em parte exagerados, tiveram influência enorme sobre o teatro moderno. Tratava-se, em suma, de erguer a quarta parede sobre o palco, a parede que faltava em consideração do público. Mais tarde, tornando-se diretor do Odéon, procurou realizar o "grande espetáculo" e acabou levando seu teatro a uma falência tão formidável quanto gloriosa.

5.7. Influências sobre o Teatro Contemporâneo

1. Como sempre, os excessos provocam forçosamente uma reação. O naturalismo extremo termina por cansar e não atingir os efeitos visados. A arte não pode e não deve copiar a realidade das aparências – não é essa a sua tarefa. Isso significaria repetir simplesmente a realidade exterior que, como tal, nunca pode ser alcançada pela cópia. A sugestão, a deformação artística, a concentração, mesmo a caricatura, ou, então, a idealização e estilização, a tipificação, a violenta caracterização são meios e convenções que atingem efeitos mais poderosos do que um espelhar minucioso dos dados exteriores.

2. Essa reação se faz notar paralelamente ao movimento simbolista em fins do século XIX e manifesta-se nas encenações do Théâtre d'Art de Paul Fort (1890) e do teatro de L'Oeuvre (sem sala fixa). Caracteriza-se por uma tendência de renovação cênica e decorativa, sendo o *décor* uma "pura ficção ornamental que completa a ilusão por analogias de cor e linhas em correspondência com o drama". O naturalismo é considerado uma "mentira" e visa-se ao triunfo da emoção estética. Um pintor como Odilon Redon apóia Paul Fort. Levava-se à cena peças de Maeterlinck, Iosen, mais tarde Claudel. Lugué-Poé, particularmente, consegue com os meios mais simples criar um grande teatro em que predominam a atmosfera e a palavra do poeta.

3. Não se pode falar do teatro contemporâneo sem mencionar a influência de dois grandes estetas: Gordon Craig, inglês, e Adolfo Appia, suíço.

Craig combate energicamente o realismo e empenha-se por um abstracionismo das linhas e cores dos cenários. O teatro não deve ser uma representação, mas uma revelação. O teatro independe das outras artes, é soberano, não se sujeita a outras artes. Particularmente dirige-se contra a cópia da natureza. Não se consulte a natureza e sim a própria peça. Craig exerceu influência

103

enorme sobre o teatro moderno, e ainda um grande homem de teatro como Jean-Louis Barrault confessou que considera as idéias de Craig seu catecismo.

Appia, antes de tudo um músico, ocupou-se principalmente com a teoria da encenação do drama musical, mas sua teoria é aplicável também ao drama poético em geral. Acentua que toda obra dramática impõe seu próprio ritmo de apreentação, de movimentos, de gestos, determinando também um estilo particular. Afinal, o teatro leva o texto para o espaço e tempo de palco e esse espaço e tempo estéticos, com todos os seus conteúdos e processos, devem ser adaptados perfeitamente ao ritmo interno da peça.

4. Importante para o teatro moderno tornou-se o Teatro dos Artistas (Künstler-Theater), de Munique (1901), que realizou as idéias do pintor Fritz Erler: palco simples e com pouca profundidade para destacar o trabalho do ator e uni-lo ao público; poucos aparelhos, alguns fundos pintados, sendo o essencial a iluminação, que, com fundos brancos e pretos, criou verdadeiros milagres. Com meios tão simples, uma cena seguia quase sem interrupção a outra, fato que, por exemplo, na encenação do *Fausto* de Goethe deu resultados magníficos. O palco, de sete metros apenas do proscênio até o fundo, era, apesar da simplicidade, de grande variabilidade – havendo panoramas móveis, muros móveis capazes de separar a cena média do fundo etc.

Outro grande encenador alemão, senão um dos mais famosos deste século, Max Reinhardt, que também realizou o filme *Sonho de uma Noite de Verão* (Shakespeare), lutou no Teatro Pequeno (Kleines Theater) contra o naturalismo, levando à cena a *Salomé* de Oscar Wilde, *Pelléas et Mélisande*, de Maeterlinck etc. Mais tarde, no Teatro Alemão (Deutsches Theater) fez verdadeiros milagres com a iluminação e o palco giratório. Seu nome tornou-se universalmente conhecido através dos festivais de Salzburgo.

5. É impossível concluir estas rápidas considerações sobre as influências que criaram o teatro moderno sem referência ao célebre Teatro de Arte de Moscou, onde, desde 1898, se destacaram encenadores verdadeiramente geniais como Stanislavski, Meyerhold e N. Dantchenko. Partindo de um naturalismo menos exterior do que psicológico, chegaram a simplificações e estilizações audazes, procurando uma síntese estética de grandes efeitos simbólicos. Conseguiram exteriorizar, através do jogo teatral, com maestria estados psíquicos. Levaram à cena peças de Ibsen, Hauptmann e Tchecov, Górki e de Maeterlinck (*Pássaro Azul*). A cena, logo afastada do naturalismo, passa a sugerir (ao invés de copiar) estados de alma, bem como a paisagem e o espaço da peça. E a sugestão, que exige a colaboração da fantasia do público, mostrou-se de efeito muito mais intenso do que toda a meticulosidade dos naturalistas na reconstrução da realidade.

6. De grande influência sobre o teatro moderno era também o balé russo, particularmente de Diaghilev, com suas pantomimas de extraordinária beleza, em que não só renovava a arte coreográfica e a decoração pictorial − verdadeiras orgias de cores −, mas introduziu também a música de Stravinski e Prokofiev.

Mais tarde, a orientação impressionista e puramente pictorial foi substituída por outra, arquitetônica, construtivista, cubista − orientação que então começava a predominar em muitos palcos. Aliás, todas as escolas modernas de pintura deixaram sua marca na encenação teatral, fato de entendimento fácil visto que a relação entre os pintores, cenógrafos, encenadores costuma ser bastante íntima, havendo com freqüência uma "união" das artes em uma só pessoa.

Assim também a pantomima e o próprio balé penetravam muitas vezes na maneira de movimentar-se dos atores, devendo-se destacar que ainda recentemente Jean-Louis Barrault realçou o valor da pantomima no trabalho do ator.

Outra influência – extra-estética – tem sido a psicanálise, que estimulou encenações extremamente complexas de imagens superpostas, retratando os vários estados d'alma, por meio de quadros simultâneos ou de rapidíssima sucessão, refletindo a fragmentação psicológica das personagens, em partes conscientes e inconscientes – enfim toda uma arte de desdobramento do palco em numerosas imagens que, por sua vez, revelam a influência poderosa do cinema.

6. ASPECTOS DO TEATRO MODERNO*

Paralela ou subseqüentemente à segunda revolução industrial e à expansão da técnica, às novas pesquisas científicas (sobretudo no campo da física, sociologia e psicologia), ao abandono do positivismo na filosofia e ao surgir de enormes metrópoles, verificam-se nos fins do século passado e nos inícios deste século transformações radicais nas várias artes. Nesta revolução artística manifesta-se um novo sentimento de vida, uma nova consciência da realidade, uma nova visão do homem e da posição do homem no universo e na sociedade.

As novas concepções, os novos temas e problemas rompem as formas tradicionais das artes e, entre elas, as

---

* Palestra proferida por Anatol Rosenfeld, em 9 de novembro de 1964, no I.T.A.

107

do teatro. Os limites do realismo e naturalismo já não conseguem abarcar as novas experiências. No teatro impõe-se a negação do "ilusionismo" cênico, isto é, a recusa da tentativa de reproduzir no palco a ilusão da realidade empírica e do senso comum (ao que corresponde, nas artes plásticas, a crescente "desrealização" que resultou na pintura não-figurativa). O teatro moderno, de um modo geral, já não pretende imitar a realidade empírica. Confessa-se "teatro teatral", disfarce, ficção, poesia, sonho, parábola. Visando atingir a níveis mais profundos da realidade (exterior e interior), de acordo com as novas concepções, desfaz o "espaço euclidiano" e o tempo cronológico do palco tradicional. Procura maior comunicação direta entre palco e platéia, derrubando a "quarta parede" que, separando cena e público, impunha aos atores a negação da presença dos espectadores, como se não estivessem representando para eles. Destruída a "quarta parede", interrompe-se a "ilusão mágica", visto que tendem a fundir-se o espaço e tempo fictícios do palco e o espaço e tempo empíricos da platéia.

Generalizando e simplificando, talvez se possa dizer que as novas tendências cênicas e dramatúrgicas se impuseram em conseqüência da transformação das concepções relativas ao ser humano. O Ego já não é concebido como completo em si, racional, autônomo, de firme contorno, explicável segundo motivos lógicos e categorias da psicologia clássica. Tampouco se acredita que através do "caráter" do herói individual, por mais típico e representativo que seja, se possa abordar adequadamente os problemas fundamentais do nosso tempo. O Eu racional evidencia-se como concepção precária, seus limites como que se esfarrapam, se revelam fictícios, ameaçados por poderes exteriores e interiores. De um lado o Ego, sua racionalidade, é assediado por forças irracionais provenientes da própria intimidade psíquica, ampliada pela dimensão do inconsciente; do outro lado, sua autonomia é posta em xeque pela imensa engrenagem do mundo

108

tecnicizado e administrado. A partir daí se entende a "crise do diálogo". Não basta dizer que a comunicação em geral se torna difícil num mundo de fragmentação e especialização crescentes (em que cada disciplina fala sua linguagem própria), de rápida mudança cultural (em que as novas gerações já falam outra língua que a dos pais e em que a própria sintaxe já não parece poder acompanhar a velocidade das transformações), de extrema mobilidade social (devido à qual se chocam as mais diversas valorizações). É, ademais e em particular, o diálogo – base do teatro tradicional – que agora se afigura obsoleto e como que desautorizado, quando se pretende apresentar forças inconscientes, por definição inacessíveis ao diálogo racional ou consciente; e que parece ser igualmente desqualificado quando se procura levar à cena a engrenagem anônima do mundo social.

São de fato essas duas tendências – a devassa da intimidade irracional e do mundo anônimo e coletivo –, que impuseram as profundas transformações estilísticas do teatro moderno, já que os problemas envolvidos dificilmente podem ser reduzidos ao entrechoque de vontades individuais (expresso no diálogo dramático) e a conflitos situados no nível da moral individual e racional.

Data de August Strindberg – e, em seguida, do expressionismo – o palco tornado "espaço interno" de uma consciência. Em obras como *O Caminho de Damasco* e *Peça do Sonho*, o palco já não tende a apresentar o embate de personagens de igual *status* real ("real" no sentido da ficção cênica), vivendo, como na vida real, num tempo sucessivo e irreversível, podendo voltar ao passado apenas através do diálogo que procura articular e exprimir a memória (como por exemplo em Henrik Ibsen); o palco, ao contrário, representa desde logo, visivelmente, cenicamente, a memória ou planos psíquicos mais profundos de uma personagem central. Essa é a única personagem "real", sendo as outras apenas projeções dessa consciência ou memória centrais. A memó-

109

ria, como o sonho, naturalmente não se atém ao tempo empírico, sucessivo e irreversível. Tem liberdade absoluta a esse respeito. O retrocesso cênico, plástico e visual, ao passado – a apresentação do passado em plena atualidade, em vez de se dialogar sobre ele – rompe naturalmente a estrutura tradicional do tempo linear e com isso também o espaço cênico tradicional, já que a variedade dos momentos temporais plenamente atualizados na cena implica a ampliação, variação e superposição espaciais. Na medida em que o palco, como um todo, reproduz a intimidade ou memória de uma consciência, permitem-se também todas as deformações possíveis para projetar o mundo do ângulo – muitas vezes patológico ou onírico – dessa consciência; deformações que por si só interpretam os planos mais profundos da vida psíquica, como geralmente ocorre no expressionismo. O próprio diálogo, passando muitas vezes a monólogo interior ou tornando-se murmúrio imaginário da memória ou procurando articular coisas nunca expressas no diálogo interindividual empírico, prescinde da verossimilhança exterior para revelar ou desmascarar realidades mais essenciais, reprimidas pelo Ego consciente (por exemplo em *Estranho Interlúdio*, de Eugene O'Neill). Peças atuais baseadas nesse processo são, por exemplo, *Vestido de Noiva* (Nelson Rodrigues), obra na qual se põem em cena a memória e as alucinações de uma mulher moribunda (revelando-se assim os motivos inconscientes de um "suicídio" que exteriormente parece ser um atropelamento casual), ou *Morte de um Caixeiro-Viajante* e *Depois da Queda*, de Arthur Miller, obras nas quais o uso do processo tradicional de Ibsen resultaria extremamente artificial e ineficaz, já que o passado, quando evocado pelo diálogo, se apresenta como passado ultrapassado e morto. Quando se trata de apresentar a presença onipotente, ainda atuante, do passado (ou do futuro antecipado no desejo e na angústia) – todo o peso inexorável do passado (ou do futuro imaginário) –, é preciso dar-lhe presença cênica, maciça, destruindo a cronologia linear (à semelhança do que ocorre por exemplo nos romances de William Faulkner), sem marcar nitidamente os limites entre os tempos; marcação nítida que ocorre ainda no *flashback* cinematográfico tradicional, mas que é eliminada em filmes modernos como *Hiroxima, Meu Amor* ou *Ano Passado em Marienbad.*

Se os problemas do tempo passado (ou imaginário), da memória e dos níveis profundos da vida psíquica, tendem a suspender a situação dialógica – básica para o teatro tradicional – visto que encerram o indivíduo na sua subjetividade solitária e transformam as outras personagens em projeções da consciência central, esse fato se acentua nas tentativas de apresentar os poderes anônimos da engrenagem social. Semelhantes problemas surgem também em tipos de teatro que procuram dar uma visão "planetária" do nosso mundo (Thornton Wilder) ou pôr em cena o entrelaçamento infinito dos fenômenos universais (Paul Claudel), que transbordam das formas de uma dramaturgia que se limita a apresentar o entrechoque de vontades individuais. Os autores preocupados com tais problemas recorrem a vários tipos do chamado "teatro épico" ou narrativo. Tanto no teatro de Brecht como nos de Wilder e Claudel, o palco começa a narrar para, através da narração (mediante personagens-narradores, cartazes, projeções cinematográficas, radiolocutores, cenas simultâneas e outros recursos), ampliar o mundo além do diálogo interindividual à semelhança do que ocorre no romance (no qual o narrador apresenta, além das personagens, o ambiente e o amplo mundo em que se desenrola o enredo) ou no cinema, no qual a câmara se encarrega de narrar através da imagem móvel o que o conflito puramente interindividual não é capaz de revelar.

Como expressões características do teatro épico, figuram a visão ecumênico-católica de Claudel (por exemplo *O Livro de Cristóvão Colombo*), o painel "planetário" de Thornton Wilder (*Nossa Cidade*), autor preocupado com a dignificação da vida cotidiana do "homem comum", projetada contra um pano de fundo universal; e a análise socialista de Brecht, que se esforça por situar o indivíduo no amplo tecido das determinações sociais. A visão sobreindividual desses três autores (que de modo algum implica necessariamente a desvalorização do indivíduo) não pode ser abarcada pelo palco tradicional. Nos três casos, a intervenção variada de elementos épico-narrativos cria um horizonte bem mais vasto do que o das personagens envolvidas na ação. Enquanto no drama tradicional existe só o horizonte das próprias personagens, no teatro épico acrescenta-se o horizonte mais amplo do narrador, cuja mediação ao mesmo tempo distancia a ação das personagens, permitindo ao público certa atitude de afastamento crítico em face da ação. Desse modo é-lhe proporcionada margem maior para elevar a emoção ao raciocínio, o que corresponde às tendências didáticas do teatro épico, acentuadas particularmente na obra de Brecht e Claudel. Autores como Ariano Suassuna (*A Compadecida*) ou Max Frisch (*Andorra*) – além de muitos outros – se inspiram no teatro épico, quer de Brecht ou Claudel, quer de raízes mais remotas, como o de Gil Vicente e do "mistério" medieval ou da "moralidade" pós-medieval.

7. STANISLAVSKI SEM MÉTODO*

Konstantin Sergueievitch Alekseiev (1863-1938)
– como homem de teatro Konstantin Stanislavski – de
quem se comemorou neste ano o centenário de nasci-
mento, é hoje principalmente venerado como o criador
do famoso "sistema" ou "método" para aperfeiçoamento
da arte de representar, mercê de técnicas psicofísicas
destinadas a produzir a disposição emocional, o "estado
anímico" próprio para desempenhar, e respectivo papel
com a máxima verdade psicológica. Contudo, não se deve
esquecer o grande diretor teatral, que deslumbrou o público europeu e americano. Um dos mais completos homens de teatro da época. Stanislavski conhecia os perigos
do seu próprio "sistema". "O senhor fala de sistema co-

---

* Artigo publicado no Suplemento Literário, *O Estado de S.
Paulo*, em 20 de abril de 1963.

mo de um código criminal", disse a um stanislavskiano. "Garanto-lhe que os atores odiarão o sistema se se pretender introduzi-lo à força."

Da mesma forma é erro limitar-se ao naturalismo – como freqüentemente ocorre – a amplitude do seu trabalho teatral, quer como diretor, quer como sistematizador da arte de representar. Sem dúvida, toda a sua arte, mesmo adotando e absorvendo as formas mais sutis e nuançadas do realismo atenuado e participando de experiências do palco estilizado e expressivo, tendia ao centro gravitacional do naturalismo. Característico disso é o entusiasmo que lhe inspirou (como a Antoine) a companhia dos Meininger (da corte do duque de Meiningen), nas suas visitas a Moscou (1885 e 1890). O forte da companhia era a extrema fidelidade aos detalhes realistas e ao colorido histórico-local aplicado às peças de Schiller e Shakespeare, assim como a disciplina despótica imposta pelo diretor aos atores (fato que agradou ao jovem Stanislavski. Mas que mais tarde criticou em *Minha Vida na Arte*). São conhecidos os esforços que Stanislavski envidou para ainda superar o naturalismo de Théatre Libre de Antoine ou da Freie Buhne de Otto Brahm (Berlim), a ponto de importar móveis da Noruega para apresentar Ibsen, planejar uma expedição a Chipre para estudar o ambiente de *Otelo* e levar a companhia a um asilo noturno de Moscou, distribuindo vodka e mortadela, para poder apresentar *Ralé*, de Górki, com a máxima minudência ambiental e psicológica. Durante certa fase, mandou construir salas de cor local por trás do palco a fim de que os atores, antes de aparecer em cenas, pudessem "entrar no papel".

Na magistral encenação das obras de Tchecov – peças que, depois de fracassos e recusas anteriores, deviam seu êxito a Stanislavski –, este estava firmemente convencido de que obedecia por inteiro às intenções do autor ao levar a extremos a fidelidade aos detalhes, particularmente no que se refere ao plano de fundo sonoro. "O

114

crepúsculo, o pôr ou levantar do sol, a chuva e tempestade, os primeiros cantos matinais dos passarinhos, o ruído das ferraduras na ponte, o barulho da carruagem que se distancia, o relógio que bate as horas [...] o cricri dos grilos, o sinal do sino de rebate – Tchecov se serviu de tudo isso, não para obter efeitos cênicos e sim para revelar a própria vida do espírito." Por mais que isso possa ser verdade, Stanislavski certamente se excedia nas minúcias, para gáudio do público. Quanto a Tchecov, acabou por desenvolver uma espécie de alergia à "paisagem sonora" e quase brigou com Stanislavski para lhe tirar da cabeça os grilos e rãs com suas respectivas manifestações sonoras. Chegou mesmo a adverti-lo de que qualquer dia iria escrever uma peça em que reinaria um silêncio maravilhoso: não se ouviriam passarinhos, nem cães, grilos ou relógios. A famosa atmosfera de inércia melancólica, que nos países anglo-saxônicos se chama de tchecoviana, é decerto mais stanislavskiana de que *tchecoviana*. Contudo, o diretor talvez tenha entendido melhor a intenção das peças do que o próprio autor dessas "comédias" (foi assim que Tchecov chamou suas peças).

Nota-se que essas encenações, pelo requinte das nuanças poéticas e pelo esgarçamento da realidade em som, luz e atmosfera, já ultrapassaram de longe o naturalismo. Este, mesmo na melhor das encenações (e não poderia haver trabalho mais extenuante e prolongado do que aquele imposto por Stanislavski aos atores do Teatro de Arte de Moscou), nunca poderia explicar o fenomenal êxito que a companhia obteve na sua primeira visita à Alemanha (1906), país que então já se cansara – como antes a França – do naturalismo e começava a aplaudir Max Reinhardt, com suas experiências pós-naturalistas, em parte inspiradas pela estilização do palco expressivo de Gordon Craig, que já em 1903 fora chamado a Berlim (Craig comemorou em 1962, quase ignorado em Tourrettes-sur-Loup, o seu nonagésimo aniversário). O mero naturalismo não explicaria o entusiasmo de Gerhart

Hauptmann, que então já fazia incursões pelas regiões do simbolismo: "Agora vi aquilo com que sonhei durante a minha vida inteira". E ainda menos a aprovação quase fervorosa de Alfred Kerr, o crítico mais temido e sarcástica de Berlim. Este tornou-se até solene e sentimental ao referir-se a Stanislavski: "O mais doloroso é que agora partis sem que eu chegasse a saber exatamente o que tendes sido. Sei, porém, que fostes algo precioso. Não consigo abarcar a amplitude de vosso valor". Parecerá estranha a afirmação de uma testemunha daquele tremendo êxito: "Nas encenações stanislavskianas das peças de Tchecov, Górki [...] e outros finda-se uma época − a época da realidade no palco, por mais curioso que isso possa parecer"[1]. O que parece ter deslumbrado o público alemão foi precisamente a dissolução do naturalismo em impressionismo cênico, em "aura arrítmica" (parece que Reinhardt, durante décadas o mago do palco alemão, colheu então "impressões" inesquecíveis). A testemunha acima mencionada descreve "o jardim ensolarado, cintilante" de *Tio Vânia*, na encenação de 1906, como um deslumbramento: parecia "que o palco com suas personagens, mormente as mulheres, fazia parte de um dos quadros luminosos, floridos, de Renoir".

Diante disso não admira que Stanislavski se tenha mostrado tão acessível às experiências mais avançadas de Gordon Craig, convidando-o para criar no Teatro de Arte o *Hamlet* (1912: a encenação chegou a quatrocentas apresentações). Por mais que uma historiografia posterior fale sobre esta fase como "decadente" e eivada de "erros idealistas" e o próprio Stanislavski, retrospectivamente, encerrasse com forte autocrítica suas incursões no simbolismo e expressionismo, é evidente que seu gosto pelo experimento e largueza de concepções exerceram influência sobre uma das mais brilhantes fases do teatro russo − as audaciosas renovações do palco revolucioná-

---

1. Paul Fechier, *Das europeische theater*, 1957, vol. II.

rio de Meyerhold, Tairov e Vachtangov, mais tarde sufocado pelo regime stalinista.

O próprio Stanislavski, é verdade, não participava depois de 1917 das experiências radicais dos "teatros esquerdistas" (o radicalismo político então se identificava com o artístico), cujos expoentes, entre eles Meyerhold e Eisenstein, etiquetaram o teatro de Stanislavski entre os "acadêmicos", considerados ultrapassados e supérfluos pelos revolucionários. Stanislavski, que fomentara muitas das experiências radicais e de cuja escola, afinal, saíram todos os grandes homens de teatro russos da época, passou por uma grave crise e foi somente graças à influência moderadora de Lunatcharski, comissário da cultura, que a obra de Stanislavski escapou à destruição (o mesmo Lunatcharski nomeou Chagall ministro das artes do departamento de Vitebsk, o que explica os cartazes da comemoração do 1º de maio de 1918 naquela região: vacas verdes e azuis, algumas de cabeça para baixo). Também nesta crise, como já anteriormente, depois da revolução de 1905, a solução foi uma turnê, desta vez pela Europa e América do Norte (1922-1924).

Aparentemente Stanislavski não se refez por inteiro desta segunda crise, por mais que se esforçasse por ser leal ao novo regime e, ao fim, se visse cercado pela benevolência de Stalin que o transformou numa espécie de ídolo oficial. Só com dificuldade conseguiu adaptar-se ao novo público e menos ainda a um teatro de fortes tendências políticas. Autores como Maiakovski e Tretiakov apresentados por Meyerhold segundo seu "método biomecânico" de movimentos e gestos expressivos, não se coadunavam com o estilo de representar cheio de sutilezas emocionais e nuanças psicológicas, desenvolvido por Stanislavski no seu sistema. As diferenças dos dois estilos de representar podem ser reduzidas, grosso modo, às fórmulas do "Paradoxo" de Diderot: identificação e vivência totais do papel pelo ator (Stanislavski) e "representação", ou seja, domínio total sobre o papel pelo co-

117

mediante (Meyerhold). Eisenstein compara a atitude de Stanislavski à de um fazendeiro que se opõe à mecanização. "Psicologicamente, seu método reflete o ponto de vista do indivíduo introvertido, tendendo ao misticismo. Em termos comerciais, o sistema de Stanislavski se compara à loja onde se compra repolho a dinheiro. Meyerhold, de outro lado, reflete a abordagem urbana, mecanizada, em oposição à abordagem psicológica de Stanislavski. Como método comercial, Meyerhold vende mercadorias invisíveis, recebendo cheques." Ambas as teorias, segundo Eisenstein, refletem as contradições de burguesia e da origem burguesa, tanto de Stanislavski como de Meyer hold. Mas o fato é que com simplificações exageradas é fácil chegar a contradições absolutas. Na realidade há no sistema de Stanislavski (como no de Meyerhold) toda uma gama de transições que lhe permitem abarcar um campo assaz amplo de possibilidades expressivas. Eisenstein omite o fato de que Stanislavski, se muito aprendeu com os métodos dos iogues, cujos exercícios durante certo tempo tanto o influenciaram, aceitou também muitas das lições de Pavlov e do behaviorismo; estudou tanto os métodos dos iogues como dos comissários. Certo, porém, é que o sistema implica limites que lhe vedam o acesso a obras como as de Maiakovski, Brecht ou, para dar exemplos bem diversos, Ionesco ou Beckett.

Depois de sua volta à Rússia, Stanislavski encenou principalmente autores clássicos como Ostrovski e Gogol. Mas determinados grupos de Teatro de Arte mantinham intensa colaboração com autores como Leonov, Kataiev e Ivanov. Do último, Stanislavski encenou pessoalmente *Trem encouraçado 1469* (1927), a primeira peça depois da revolução em que o Teatro de Arte realmente tomou notícia do novo estado de coisas, já que seu tema é a luta de "partisans" siberianos contra as tropas de intervenção dos russo-brancos, japoneses e americanos.

A encenação dessa peça colocou os atores e o siste-

118

ma diante de novas tarefas. N. Albakin[2] descreve como os atores se recusavam a apresentar os papéis negativos. Sentiam-se indignados com os elementos intervencionistas e não conseguiam "identificar-se" com eles e viver emocionalmente seus papéis, segundo a concepção da verdade psicológica do sistema. Stanislavski lançou mão dos mais diversos recursos "psicotécnicos" e de "ações físicas" para obter o rendimento exigido pela "supratarefa" da peça (isto é, sua idéia básica). Colocou os atores em posições físicas extremamente inconfortáveis: tinham de acocorar-se em cima de caixões e encostos de cadeiras para que dessa forma se irritassem e aborrecessem – afetos que deveriam criar a disposição certa e amalgamar-se ao desempenho, em benefício dos respectivos papéis. Nessa ocasião, aproximando-se de concepções de Brecht, de quem em geral parece ser antípoda, exigiu dos atores que revelassem "todo o patriotismo venal deste bando pseudo-russo". Mas ao mesmo tempo desejava que não mostrassem sua atitude negativa para com as personagens; queria, pois, que ao mesmo tempo defendessem e criticassem ou ao menos desmascarassem os intervencionistas – problema bem brechtiano. Todavia, com os recursos de seu sistema tal problema parecia insolúvel.

Estas ligeiras notas, evidentemente, não se prestam para abordar, nem de leve, o complexo sistema de Stanislavski. Sua apresentação correta é particularmente difícil porque o método sofreu, desde o princípio de sua elaboração, nos inícios do século, inúmeras modificações, representando as últimas versões das suas duas obras teóricas principais – de que uma permaneceu fragmentária – apenas fases de um trabalho incessante que resultou em constantes correções, emendas e transformações às vezes profundas. Daí também as incríveis con-

---

2. N. Albakin, *Das Stanislawski-System und das Sowjet-Theater*, Berlim Oriental, 1953.

119

tradições entre as interpretações de seus discípulos, que, de conformidade com a fase em que trabalharam com Stanislavski, apresentam teorias inteiramente diversas. Num escrito de Brecht X pergunta: "Como foi possível chegar-se a tamanha simplificação do sistema, a ponto de se afirmar que Stanislavski acreditava numa metamorfose mítica no palco?". Ao que Brecht responde perguntando: "Como foi possível chegar-se a tal simplificação do *Pequeno Organon*, ao ponto de se afirmar que o mesmo exige no palco pálidas criaturas de retorta e esquemáticos partos cerebrais?"

8. O TEATRO DOCUMENTÁRIO

O teatro alemão do pós-guerra apresenta uma variedade de correntes, deste o neo-expressionismo de Wolfgang Borchert e as peças grotescas ou absurdas de Günther Grass, mais conhecido como narrador, até o "metateatro" de Peter Handke em que a cena analisa ou critica tanto o próprio teatro e sua linguagem verbal e gestual como o público e seu comportamento. Entre as várias correntes afigura-se de particular importância a do teatro documentário que encontrou na Alemanha sua maior expressão.

Entre os pioneiros desse gênero teatral merece destaque o diretor Erwin Piscator, que certamente se inspirou nas experiências de Meyerhold. Já na década de 1920 encenou peças ou reportagens teatrais fazendo uso de gravações sonoras, fotos, fotomontagens e filmes para

121

cercar as cenas interindividuais com a documentação de ambientes históricos e de um vasto fundo social.

Rolf Hochhuth (1931) retomou, com *O Vigário*, idéias de Piscator. Não admira que este tenha encenado a peça, por ocasião da estréia em 1963. Hochhuth, por sua vez, dedicou a ele sua segunda peça, *Os Soldados* (1967). Tanto Hochhuth como os outros expoentes do teatro documentário procuram eliminar, na medida do possível, o elemento ficcional. Aplicam sua arte quase sempre a temas da história política recente, geralmente com a intenção de informar, esclarecer, criticar e desmascarar.

Entretanto, por mais que se reconheçam os interessantes resultados obtidos e a fecundidade das teses que servem de base teórica a esse gênero teatral, não se pode deixar de apontar-lhe certas contradições. No cinema, na televisão e, de forma mais mediada, na reportagem falada (rádio) ou escrita (jornal), os próprios eventos e as pessoas envolvidas podem ser reproduzidos ou documentados (sobretudo na televisão em plena atualidade do vir-a-ser). Já no teatro tratar-se-á forçosamente sempre de uma mimese ou representação desempenhadas por atores, isto é, em última análise, de ficção, por mais que baseada em documentos. Diante disso pode-se perguntar se as vantagens da ficção, que permite uma interpretação mais livre e profunda dos problemas essenciais (propostos eventualmente por eventos históricos recentes), não superam as vantagens da autenticidade que facilmente induzem o autor a dispersar-se na superfície dos chamados fatos reais.

Esse conflito entre ficção e historiografia, presente em quase todas as peças documentárias, manifesta-se com particular nitidez em *O Vigário*. A peça, como se sabe, ao atacar supostas omissões do papa Pio XII durante a Segunda Guerra Mundial, acusando-o de que não teria assumido plenamente o dever de defender os judeus contra a política nazista de extermínio, visa exaltar os valores absolutos de um cristianismo radical, depurado de tergiversações e compromissos. O testemunho do cristão – mormente do papa – não deveria temer as conseqüências mais extremas, incluindo as do martírio.

A peça, sem dúvida, é meritória e revela qualidades literárias notáveis. Mas não conseguiu superar as contradições apontadas. Hochhuth pretende apresentar a verdade histórica, documentando-a com amplo aparelho bibliográfico e vasta citação de fontes. Ao contrário da conhecida tese de Aristóteles, segundo a qual ao dramaturgo não cabe ser historiador (mostrando o que aconteceu) e sim ficcionista (imaginando o que poderia ter acontecido, isto é, apresentando a essência universal, não o fato singular), Hochhuth insiste em ser historiador – sem, evidentemente, conseguir evitar o elemento ficcional. É exatamente o que Goethe critica na obra de Manzoni (a quem muito estimava) porque, como historiador, mostrava na sua ficção "demasiado respeito pela realidade".

Antes de tudo, o papa é "representado" por um ator, não "documentado"; em seguida, "pessoas reais" (como seria o papa Pio XII) dialogam na peça com personagens fictícias (por exemplo, o padre Fontana) o que, evidentemente, torna fictícia toda a situação, incluindo as pessoas aparentemente "reais". Além disso, Hochhuth inventa os diálogos e com isso inventa também a fonte dos diálogos, as personagens. Como todo ficcionista, Hochhuth conhece as personagens "de dentro"; sabe muito mais que o historiador. Este, afinal, não tem o privilégio de falar de criações suas como ocorre no caso de ficcionista onisciente. Contudo, a pretensão de historiador impediu Hochhuth de fazer pleno uso da sua qualidade de ficcionista. Assim, a peça não atinge a verdade "poética" (no sentido de Aristóteles), enquanto tampouco pode reivindicar a plena verdade histórica.

Ao *ficcionista* cabia mostrar o que "poderia ter acontecido", colocando o papa no conflito trágico de expoente máximo de uma instituição que, embora representando a ordem transcendente, não pode deixar de envolver-se nas intrigas do mundo. Hochhuth confessou que lhe faltavam as provas documentárias para semelhante interpretação (que mostraria o conflito trágico do papa). Assim, não querendo ser ficcionista e interpretando as fontes acessíveis, criou um papa unilateral, que se dedica somente aos aspectos político-diplomáticos de sua missão. Em face dele colocou, como antagonista, a figura fictícia do padre Fontana, que, este sim, assume o mandamento sagrado do Nazareno. Desse modo criou um conflito dramático com certa aparência histórica. Mas desviou-se do conflito verdadeiramente trágico e fundamental. Este não pode tornar-se visível através do padre Fontana, mas somente por intermédio do representante responsável da Igreja Católica, instituição que não é só o corpo místico de Jesus (representado pelo martírio de Fontana), mas também a herdeira de Roma, Estado político, portanto. É que o padre não tem a responsabilidade do Sumo Pontifex; não vive a colisão entre o imperativo moral absoluto da transcendência e os imperativos da realidade história. Assim, não se torna visível o abismo entre o Reino Sagrado, de que, segundo os teólogos, a Igreja faz parte, e o século de que a Igreja não pode deixar de fazer parte. Não se torna visível, portanto, o problema decisivo: o da mediação (ponte, *pontifex*) entre a ordem espiritual e a realidade político-histórica.

O problema, afinal, não é o martírio de Fontana, por mais sublime que seja. Esse tema poderia ser exposto sem o papa. O fulcro da peça é a atitude do papa. Ora, *dramaticamente* não é essencial como *este* papa histórico se comportou. À luz da verdade ficcional, o que importa é o drama de *qualquer possível* papa. E este consistiria em que o *pontifex* reúne tanto a missão que Hochhuth glorifica na personagem de Fontana como a missão política que Hochhuth quase chega a caricaturar na personagem que representa o papa histórico. Distribuindo os valores em conflito entre duas personagens, das quais uma

124

não é responsável em face dos valores seculares, ao passo que a outra é apresentada como irresponsável em face dos valores transcendentes, Hochhuth falhou em focalizar o conflito fundamental, desencaminhado pelo desejo de não ultrapassar a documentação disponível. Assim, a peça, de resto valiosa, não podendo reivindicar a verdade histórica por usar recursos ficcionais, não atinge de outro lado a verdade ficcional. Esta exigiria que o conflito se concentrasse numa só personagem, responsável em ambas as esferas, fazendo-a viver as colisões de quem, como "mediador", tem ao mesmo tempo de conciliar e optar entre o imperativo absoluto e a realidade histórica.

Parece que Heinar Kipphardt, na peça *O Caso Oppenheimer*, se aproximou de uma concepção um pouco mais satisfatória do teatro documentário. A peça, aliás também encenada pela primeira vez por Piscator (1964), baseia-se quase na íntegra no documento oficial que transcreve o inquérito, realizado em Washington (de 12 de abril a 6 de maio de 1954), a que foi submetido o físico Oppenheimer. Baseada que é nas atas de um interrogatório, a peça não poderia ter documentação mais exata. A tarefa principal do autor, como dramaturgo, consistiu na seleção e fusão dos integrantes do interrogatório (várias pessoas transformadas em uma personagem) e dos respectivos textos, bem como na formulação mais concisa e dramática dos diálogos. Ademais, o autor não hesitou em fazer uso do seu direito de ficcionista, inserindo monólogos ou declarações inventadas, dirigidos por algumas das personagens ao público. Juntamente com a projeção de *slides* e a reprodução de gravações, que comentam e acentuam os diálogos, ampliando-lhe o sentido, tais "invenções" dão consistência à peça, que muitas vezes, ao seguir em demasia a documentação, ameaça esgarçar-se e perder-se em pormenores. Oppenheimer, como se sabe, protestou contra as "invenções" de Kipphardt (no que se refere à personagem que o representa), julgando o conteúdo dos respectivos textos imaginados em desacordo com suas convicções. Contudo, do ponto de vista da peça, esses acréscimos fictícios são essenciais. Baseado nas declarações dispersas sobretudo de Oppenheimer, o autor por assim dizer as interligou por linhas convergentes, cujo ponto de encontro se situa, além das revelações manifestas e documentadas, na intimidade mais profunda da mente do físico. E a partir dessa intimidade desconhecida (apenas verossímil, já que, no sentido de Aristóteles, "poderia ter sido" real), construiu, como ficcionista, as declarações inventadas que deveriam equivaler àquela opção que o protagonista nem na sua atividade, nem nos seus depoimentos, chegou a fazer. Dessa forma transformou a personalidade indecisa do físico em grande personagem dramática.

É na declaração final fictícia que Kipphardt ressalta o que a documentação apenas faz aflorar de um modo dúbio e vago: o problema essencial da lealdade do cientista, no mundo atual. A quem ela deve pertencer? À sociedade do seu país? Ao governo passageiro? À humanidade? À ciência? É nessa declaração que o físico confessa que os cientistas traíram o espírito da ciência (que, sendo universal, se identifica com a humanidade, nunca com a nacionalidade), ao cederem a interesses nacionais e militares: "Demos aos nossos governos, em muitas ocasiões, uma lealdade demasiado grande, demasiado irrefletida, contrariando nossas melhores convicções". Sugere-se nesse momento toda a grave problemática do cientificismo e da tecnocracia (a manipulação irracional de meios, desvinculados de fins humanos) de cuja solução depende o futuro da humanidade.

É decerto Peter Weiss que obteve os melhores resultados no domínio do teatro documentário, sobretudo em peças como *Discurso de Vietnã* (1968) e *O Interrogatório* (1965). Parece que nesta última peça Weiss conseguiu uma espécie de síntese entre as exigências da documentação (no caso os dados do Processo de Auschwitz, Frankfurt, 1963-1965) e as da ficção teatral.

126

Por mais que Weiss insista em afirmar que não inventou nada, a própria definição da peça como *Oratório em Onze Cantos* (cada qual tripartido, adotando a estrutura do grande poema dantesco), bem como o uso do verso, a concentração, a montagem, sobretudo o emprego peculiar da linguagem, revelam o trabalho da imaginação criativa que, sem ferir os dados, lhes dá uma nova dimensão. O tom frio, quase tranqüilo, que une estranhamente réus e vítimas, é um recurso artístico que distancia as peças das ocorrências extremamente emocionais e dramáticas do processo real. A calma sobriedade da expressão se carrega de uma espécie de retórica negativa, de efeito sinistro, devido à ausência de reações humanas. Pela falta de acento, acentua-se o estado de desumanização a que chegaram os habitantes do campo. Por meio do procedimento admirável da degradação da linguagem humana, Peter Weiss anula as décadas que medeiam entre o fim da guerra e o processo (décadas durante as quais acusados e testemunhas decerto recuperaram a capacidade de reagir normalmente) e reconduz o espectador ao centro de um mundo monstruoso. O jargão nazista despersonaliza as falas tanto dos carrascos como das vítimas. O texto é um modelo lingüístico, demonstrando a corrupção semântica, que, invertendo o sentido das palavras, embotava as mentes, falsificava a realidade e impunha pelos meios de comunicação de massa essa imagem deturpada a um povo inteiro. Os próprios adversários ficaram encampados no mesmo sistema. Sem percebê-lo, começavam a falar o mesmo jargão e desse modo assimilavam subliminarmente as mesmas idéias e a mesma visão deformada da realidade.

O campo de concentração surge como uma gigantesca empresa, produzindo lucros fabulosos para as indústrias beneficiadas pelo trabalho escravo. Sob o ponto de vista puramente econômico e técnico-empresarial o inferno do campo era um paraíso. O sistema fornecia com pontualidade abundante força de trabalho, mantida a custos baixíssimos. Quando gasta, a "mão-de-obra" era queimada, com aproveitamento dos resíduos. Comparado a isso, o sistema escravocrata, que mantinha as peças mesmo depois de gastas, foi um mau negócio.

Segundo a obra, a mesma engrenagem que produziu os campos de extermínio continua funcionando ainda hoje. Os campos teriam sido, em essência, o resultado extremo, a forma mais radical e violenta, de uma estrutura que, de modo atenuado, prevaleceria normalmente em amplas partes do mundo. Assim, a peça, longe de ser mera acusação, documentando apenas o que aconteceu, tende a ser sobretudo uma advertência dirigida a todos os países, visando ao futuro e ao que "poderia acontecer".

Peter Weiss expôs suas idéias sobre o teatro documentário num ensaio em que define com certa minúcia, às vezes de um modo contraditório, a técnica de montagem, os fins da crítica e os propósitos artísticos desse gênero cênico. Particularmente se dirige contra um teatro, cujos temas principais são as paixões, a ira e o desespero e que se atém à concepção de um mundo absurdo, sem saída para o homem. O teatro documentário – declara – empenha-se pela alternativa de que a realidade, por mais impenetrável que se procure apresentá-la, oferece saídas a quem se esforça por explicá-la; e ela pode ser explicada em cada pormenor.

9. *CABARET*

Cabaret (cabaré literário), do francês *cabaret*, taberna, tasca. Entretenimento cênico em ambiente íntimo – quase sempre em cantinas, boates, restaurantes etc. –, onde se apresentam *chansons, songs*, esquetes, paródias, cenas grotescas e números variados, ligados por um animador, apresentador ou *conférencier* culto e chistoso. O programa destina-se em geral a glosar, satirizar e atacar, de forma mais ou menos agressiva, aspectos atuais da realidade político-social e cultural. O público, metropolitano e sofisticado, burguesia intelectualizada ou esnobe, além de artistas e literatos boêmios, deve ser capaz de captar-lhe a linguagem alusiva, preenchendo as entrelinhas.

Absorvendo elementos dispersos, presentes já nas comédias de Aristófanes, no mimo antigo, nas apresentações dos menestréis e jograis medievais, nas farsas populares etc., o *cabaret* constituiu em Paris um novo tipo de espetáculo. Foi, mais de perto, em Montmartre, onde o pintor boêmio Rodolphe Salis fundou em 1881 o primeiro *cabaret*, Le Chat Noir. Nele dominavam a *chanson* antiburguesa e o teatro de sombras. Grande fama obteve no mesmo bairro Le Mirliton, fundado em 1885 por Aristide Bruant, criador da *chanson réaliste*, representante e defensor da plebe metropolitana. Costumava agredir com insultos grosseiros, no *argot* suburbano, os *decandandies* da Belle Époque que lhe pagavam as agressões com aplausos delirantes. Com ele fez sua iniciação cabaretista Yvette Guilbert, *diseuse* que, como o mestre, fizera sua aprendizagem no café-concerto. Este, como o *music-hall*, é predecessor do *cabaret*, faltando-lhes, porém, o traço literário, crítico-agressivo, político-social, vanguardista. Guilbert aparece, como Bruant, nos cartazes de Toulouse-Lautrec.

Sob a influência francesa e escandinava (Hermann Bang, Holger Drachmann), fundou-se em Berlim (1901) o primeiro *cabaret* alemão, o Überbrettl (Superpalquinho, nome inspirado pelo super-homem de Nietzsche), do qual Arnold Schönberg, por breve espaço de tempo, foi colaborador musical. Esse *cabaret* provocou um surto cabareteiro tanto em Berlim como em Munique, onde os Elf Scharfrichter (Onze Carrascos) se reuniram para decapitar a reação e a censura e onde o dramaturgo pré-expressionista Frank Wedekind cantava ao violão suas baladas que tanto impressionaram Brecht.

Também no mundo boêmio de Viena o *cabaret* encontrou um ambiente favorável. No Nachtlicht (Luz Noturna) espumavam os caprichos literários da Peter Altenberg e o humor de Roda Roda. O Fledermaus (Morcego) chegou a ser uma amostra brilhante da Sezession, o *art-nouveau* de Viena, com decorações de Gustav Klimt e Emil Orlick, para não falar das xilogravuras de Kokoschka nos programas do *cabaret*.

130

Mais ou menos ao mesmo tempo a "musa com a língua ferina" conquistou a Holanda e os países escandinavos, assim como os do leste europeu. Em Budapeste, o espirituoso comediógrafo Ferenc Molnár se destacava como *conférencier* no Modern Szinpad (Palco Moderno). No Montmartre (1911), de Praga, eram *habitués* Franz Kafka, Max Brod e Jaroslav Hasek, o autor do *Bravo Soldado Schveik*, que também se apresentava com *conférences* satíricas, tanto nesse *cabaret* como no Cervená Sedma (O Sete Vermelho), de tendência antiaustríaca. Adotando o nome do Morcego de Viena, surgiu em Moscou o *cabaret* Letucaia Mys (1908), ligado ao Teatro de Arte de Stanislavski. O Brodiacaia Sobaka (Cão Vagabundo, 1911) de São Petersburgo, era ponto de reunião da boemia intelectual que promoveu em 1912 uma Semana de Marinetti, exaltando o futurismo. No seu palco apresentou-se, em 1915, Maiakovski.

Nesse e em outros casos, o *cabaret* desempenhou um papel importante na promoção de movimentos de vanguarda. Muitos expressionistas alemães eram *habitués* e colaboradores de *cabarets*. O dadaísmo é, todo ele, um parto do *cabaret* Voltaire (1916), em Zurique. O movimento antiexpressionista da Neue Sachlichkeit (Neo-Objetivismo), que dominava na Alemanha da República de Weimar e cuja vênus era Marlene Dietrich, sofreu igualmente forte influência política ou satírica de E. Mühsam, W. Mehring, K. Tucholsky, E. Kästner, mas também de Klabund e Ringelnatz, vingava em *cabarets* em que se apresentavam artistas como Rosa Valetti, Trude Hesterberg, Hans Albers, Lotte Lenya etc. Brecht e Kurt Weill se impregnavam dessa atmosfera de que *A Ópera dos Três Vinténs*, cruzamento de *cabaret* e *jazz*, e o teatro épico são frutos diretos ou indiretos.

Na França de Maurice Chevalier e Lucienne Boyer, que alcançaram fama mundial na década de 20, há outra linha de *cabaret*, de cunho grotesco, que parte de Alfred Jarry (*Ubu Rei*), passa por Apollinaire e Cocteau e desemboca no teatro do absurdo de Beckett e Ionesco, a cujo teatro se anteciparam experiências cabareteiras semelhantes.

Durante a fase nazista espalharam-se pelo mundo numerosos *cabarets* de migrantes antifascistas, entre eles o itinerante Pfeffermühle (Moinho de Pimenta), da filha de Thomas Mann, Erika. Em Berlim, no Katakombe, o *conférencier* Werner Finck conseguiu com enorme coragem ridicularizar o regime hitlerista, até lhe ser proibida a apresentação. Em Zurique tornou-se famoso o *cabaret* antifascista Cornichon, cujo estilo marcou a obra de Dürrenmatt. Este, aliás, lhe forneceu, depois da guerra, *chansons* e esquetes.

Desde a década de 1950 manifesta-se também na Itália vida cabareteira, decisivamente influenciada pelas encenações geniais que Giorgio Strehler fez de peças de Brecht. Grandes representantes da *chanson*, como Fausto Amadei e Laura Betti, cantam textos de Brecht, Moravia, Pasolini, Calvino etc.

Do *cabaret* parisiense, que nasceu em Montmartre e se alastrou pelo Quartier Latin e por Montparnasse, emanaram depois da guerra novos impulsos em Saint-Germain-des-Prés (Tabou etc.), a cujo clima pertencem Raymond Queneau, Boris Vian, Jacques Prévert e onde se destacou sobretudo Juliette Greco, protegida de Sartre e arauta da *chanson noire*. Artistas como Georges Brassens, Catherine Sauvage, Yves Montand, Charles Aznavour, Edith Piaf etc., pertencem ou pertenceram ao mundo do *cabaret*. Também na Alemanha Ocidental a vida de *cabaret* se manifesta após a guerra de forma vigorosa, destacando-se entre os expoentes politicamente mais agressivos, sobretudo grupos estudantis.

Nos países anglo-saxônicos o *cabaret* surgiu só recentemente. Numerosos artistas e *showmen*, em si predestinados para esse gênero, costumam apresentar-se em revistas ou teatros de variedades. Nos *night clubs*, porém, há por vezes entretenimentos aproximados. Um homem como Noel Coward é, como *chansonnier* e autor multifacetado, o típico homem de *cabaret*. No seu *night club* londrino Café de Paris, apresentou artistas como Eartha Kitt e Marlene Dietrich. Um autêntico *cabaret* veio a ser, na década de 1960, The Establishment, *night club* satírico-político (como já indica o nome) em Soho, Londres. Essa e outras iniciativas partiram sobretudo de estudantes, exatamente como nos Estados Unidos, onde o *cabaret* The Second City (Chicago, 1959) é rebento de grupos teatrais estudantis. Sua transferência para Greenwich Village, Nova York, fez com que naquele bairro brotassem inúmeros *cabarets* pequenos.

No Brasil, os entretenimentos que se aproximam do *cabaret* manifestam-se em geral na televisão. Por isso mesmo não são *cabarets*, arte que se dirige a um público exigente, em atmosfera íntima, de contato direto e *feedback* imediato. Quanto aos programas nas boates etc., falta-lhes em geral o cunho político-satírico e o *conférencier* de alto nível cultural.

O *cabaret* é uma arte sensível às mínimas mudanças culturais. Mas é ao mesmo tempo um laboratório de novas experiências, cuja influência sobre os movimentos artísticos do século XX não foi ainda estudada, mas afigura-se enorme. A dialética do *cabaret* é complexa. Num regime de força ou se mediocriza como comércio ou vive, fazendo jus à sua essência satírica, sob a ameaça da proibição. Num regime de liberdade, floresce, mas decompõe-se facilmente em artigo de consumo para aqueles que agride, formando uma sociedade de vendedores e compradores de protestos. "O *cabaret*, para prestar, tem de ser perigoso. Perigoso e em perigo: pois sempre luta, armado de pedrinhas, contra o Goliat do momento" (Günter Groll).

Bibliografia

ASTRE, Achille. "Les Cabarets littéraires et artistiques". *Les Spectacles à travers les âges*. Paris, 1931.

CARCO, Francis. *La Belle Époque au Temps de Bruant*. Paris, 1954.

GREUL, Heinz. *Bretter, die die Zeit bedeuten*.

SOBRE ESPETÁCULOS (1964-1973)

1. *ANDORRA* NO TEATRO OFICINA*

Andorra, de Max Frisch, é antes de tudo a rigorosa demonstração do mecanismo psicológico do preconceito, exemplificado através do anti-semitismo (como poderia ter sido exemplificado pelo preconceito contra os homens de cor ou os homens de pés chatos). A personagem principal da peça, Andri, não é, de fato, judeu; mas os cidadãos de Andorra julgam-no judeu (e ele a si mesmo também). Filho natural de relações mantidas, na juventude, pelo pai no país vizinho, no qual os judeus são violentamente perseguidos, é apresentado pelo genitor como filho adotivo, judeuzinho a quem teria salvo da morte certa. O fato de todos os julgarem judeu basta para que certas características estereotipadas, freqüentemente

* Artigo publicado no jornal *Crônica Israelita*, em 31 de outubro de 1964.

137

atribuídas aos judeus, se tornem de fato traços do rapaz. A vítima se molda segundo a imagem que a maioria forma dela. E essa imagem não é muito lisonjeira porque a maioria projeta nela todas as qualidades de que se envergonha. Um dos cidadãos diz: "Os andorranos são boa gente, mas quando se trata de dinheiro são como os judeus". Assim, os andorranos se livram da pecha da sovinice, atribuindo-a por projeção ao "outro" (ao estranho). Se são generosos, o são como andorranos, mas gananciosos são "como judeus". Não admira que Andri comece a cismar: "Talvez os outros tenham razão. Um olhar basta, de repente és como dizem". Todos os males da sociedade vêm sendo encarnados no bode expiatório (judeus, negros etc.), a fim de que a sociedade, sentindo-se dessa forma libertada, possa viver em paz com sua consciência.

Toda a peça – no seu didatismo e nos seus recursos influenciados por Brecht – é uma preleção sobre o mecanismo universal do preconceito e, principalmente, sobre as funestas conseqüências do preconceito. Todavia, esse assunto não é demasiado insistente; a lição é realçada, mas ao mesmo tempo absorvida e neutralizada por uma ação tensa e trágica, de forte carga emocional, a que não faltam elementos melodramáticos.

Um dos estereótipos mais característicos acerca do judeu – o da covardia – é revelado como projeção no decurso da peça. O mais agressivo perseguidor de Andri, o soldado, é o mais covarde dos cidadãos, o primeiro colaboracionista quando ocorre a invasão de Andorra pelo exército do país vizinho. No fundo, porém, é a pusilanimidade de todos que é descarregada sobre os ombros do bode expiatório. Percebemos logo que Andorra está em todos nós. Andorra são os "inocentes" que "çolaboram" por inércia, conformismo, covardia e egoísmo; que não se incomodam enquanto "tudo vai bem para nós mesmos". Talvez a personagem mais trágica – senão a única trágica – seja a do mestre-escola, pai de Andri. Ele, que com grande brio combate o preconceito mobilizado con-

138

tra Andri, de fato provocou o terrível destino do rapaz ao capitular em face de outros preconceitos (os de uma sociedade hipócrita que condena o pai ilegal). Por isso traiu o filho e a paternidade, inventando o menino judeu. "Tive medo deles, sim, medo de Andorra, porque eu era covarde [...]". E inventando o judeu, ele o inventou para Andorra que precisa do bode expiatório, e que, se não tivesse o seu judeu, teria de inventá-lo de qualquer modo.

Vê-se que a peça de Frisch, longe de ser apenas a análise do efeito que o preconceito exerce sobre a vítima, é ao mesmo tempo, e antes de tudo, a análise dos portadores do preconceito (entre estes encontram-se naturalmente também os próprios judeus); análise da sua inércia e covardia morais que são causa de conseqüência do preconceito. A racionalização, a autojustificação, o auto-incenso, o egoísmo, o auto-engano, a hipocrisia, o ressentimento, intimamente associados ao preconceito, pervertem a sociedade de Andorra. O resultado é o oportunismo, conformismo, colaboracionismo e o "realismo" sinistro daqueles que nada vêem senão a realidade do próprio quintal e W. C.; ao fim, a capitulação sem resistência ante o invasor. Este, de fato, já invadira Andorra, antes, através da quinta-coluna do preconceito *afável* e *tradicional*. Andorra, no fundo, nada tem a opor ao vizinho agressivo; estivera, no fundo, sempre de acordo com ele, por mais que parecesse opor-se ao preconceito *violento* do *vizinho*.

Frisch não tem muita fé na espécie humana. Isso torna a peça um tanto contraditória. Para que escrever essa peça forte e cheia de indignação se o homem nada aprende e logo esquece? Para lembrar-lhe o que procura esquecer? Para que os espectadores – disse Frisch – "se assustem" e "permaneçam de noite acordados". Talvez seja por isso que inseriu, entre a seqüência da ação, breves cenas (destacadas por um foco de luz, com falas dirigidas ao público) em que os cidadãos culpados de Andorra, diante da barra de um tribunal invisível, lavam freneticamente as mãos e justificam suas ações e atitudes. Será que o público se reconhecerá neles? "Os culpados", declarou Frisch, "encontram-se na platéia [...] são eles que se tornaram culpados, mas que não se sentem culpados." Nós? Nós todos? Ah! Nós não temos nada com isso! Nós não temos preconceitos, graças a Deus. Lavemos as nossas mãos também!

O ponto ambíguo da peça é a pouca fé que Frisch tem no homem. Apresentando o preconceito como um mecanismo inerente à "natureza humana", mecanismo universal, intemporal, ao invés de situá-lo nas condições históricas e sociais concretas que o determinam e que talvez possam ser modificadas, ele apenas condena o preconceito e os portadores dele; mas não nos dá uma visão da possibilidade (por mais remota que seja) de superá-lo coletivamente, em termos sociais. A superação, para ele, será sempre só um milagre individual. Todavia, condená-lo em termos tão vigorosos e contundentes não deixa de ser um grande mérito.

O espetáculo do Teatro Oficina alcançou aquele grau de perfeição que, por assim dizer, apaga os vestígios do imenso trabalho dedicado a essa peça, de encenação extremamente difícil. O ritmo rápido da representação poucas vezes é interrompido por cenas de certo *rallentissement*, sabiamente alongadas, quer para lançar uma luz cômica ou irônica no mundo escuro de Andorra, quer para satisfazer os olhos com uma bela composição (como a da paramentação do padre, aliás, carregada de ambigüidade proposital; ou a da penitência do mesmo padre, cena cuja força pictórica sem dúvida foi inspirada por um famoso filme polonês). José Celso Martinez Corrêa reafirma-se com este trabalho como um dos mais sérios e inteligentes diretores do Brasil. Nota-se em tudo a análise cuidadosa do pensamento de Frisch. Só assim se entende que esta peça nada fácil se transmite de imediato ao público, com toda a energia da sua lógica e do seu impacto emocional. Contribuição valiosa para o funcionamento do espetáculo é a cenografia de Flávio Império, mercê da qual se torna possível o ritmo intenso da representação e sua distribuição espacial feliz, nas difíceis condições do palco do Teatro Oficina.

É de nível excelente o desempenho dos atores, desde Renato Borghi (Andri) e Míriam Mehler (Barblin), em papéis decisivos, de grande complexidade, até Oswaldo de Abreu (soldado), Lineu Dias (padre), Abrahão Farc (hospedeiro), Fuad Jorge (marceneiro), Fernando Peixoto (o Alguém), Francisco Martins (Idiota) – numa ponta magnífica – e Wolfram A. Guenther, na pantomima expressiva do inspetor de judeus. A mãe, de Célia Helena, é uma criação comovedora, mas parece-nos um pouco humilde demais, Henriette Morineau (señora) e Eugênio Kusnet (médico) destacam-se por caracterizações particularmente felizes. Um caso à parte é o mestre-escola de Fauzi Arap. O desempenho é magistral na linha adotada; mas é difícil concordar com essa linha. O pai adotivo, de Fauzi Arap, tornou-se uma figura triste, talvez mesmo uma triste figura. Mas deveria ser, de fato, uma figura trágica – o que é uma coisa inteiramente diversa. É, bem de acordo com a teoria da tragédia de Aristóteles, uma pequena falha, um erro perdoável e humano – o medo da bisbilhotice e dos preconceitos dos concidadãos – que destrói a vida de um homem excelente, em si de elevada estatura moral. Sua mentira inicial produz, num encadeamento inexorável, conseqüências terríveis que aniquilam os filhos e acabam expondo toda a sociedade a uma provação que revela o vazio moral de Andorra. Um vício dos palcos.

2. NAVALHA NA NOSSA CARNE*

A apresentação de *Navalha na Carne*, no teatrinho particular de Cacilda Becker, para um círculo restrito de convidados, devido à proibição da peça pela censura, lembra um pouco a fundação do Palco Livre na Alemanha, há cerca de oitenta anos. Apresentava-se ali a um círculo restrito de associados, entre outras coisas, uma peça proibida pela censura imperial de Guilherme II. Hoje, essa peça é considerada um clássico do teatro universal. Pode ser assistida por qualquer colegial. Trata-se de *Os Espectros*, de Ibsen. A obra, cujo ímpeto moralista e profundo etos são conhecidos, foi julgada pornográfica, aparentemente porque uma doença tão "escabrosa" como a sífilis – aliás, nunca mencionada – desempenha

---

* Artigo publicado no Suplemento Literário, *O Estado de S. Paulo*, em 15 de julho de 1967.

papel fundamental no enredo. Nenhuma das personagens ousa pronunciar a terrível palavra. Mas a supressão da palavra não elimina a realidade. Apenas a disfarça. E é com tanto mais virulência que a doença toma conta de Osvaldo, filho da sra. Alving. Esta reconhece ao fim a sua própria culpa. Foi por medo da censura do diz-que-diz-que e dos espectros da convenção que ela se associou às mentiras e hipocrisias da sociedade, contribuindo para que os espectros se infiltrassem no seu próprio lar, lhe corrompessem a vida pessoal e matrimonial e, ao fim, lhe destruíssem a vida do filho. A peça desmascara a contaminação mórbida de toda uma sociedade pelo espiroqueta da hipocrisia. Ao que parece, a censura guilhermina não entendeu o moralismo da peça, nem o etos da verdade que nela se manifesta.

Este etos caracteriza também a peça de Plínio Marcos. Da mesma forma que a arte não pode silenciar os campos de concentração, ela não pode furtar-se a expor as partes pudendas do corpo social. A supressão da palavra não elimina a realidade. Disfarça-a e cultiva espectros.

Navalha na Carne é um gople de navalha na nossa carne; é um ato de purificação, justamente por causa da sua violência agressiva. Desejar-se-ia que o autor embelezasse as situações e abrandasse a obscenidade da linguagem? Qualquer tentativa nesse sentido seria disfarce e mentira. As três personagens — a prostituta, seu rufião e o arrumador invertido da pensão — deixariam de existir como personagens dramáticas se falassem outra linguagem. É no jargão chulo desses marginais, nas suas fórmulas fixas, ricas de "sabor pitoresco" para nós, mas pobres de humanidade por reduzirem toda a riqueza das relações humanas aos seus mecanismos mais elementares, é nessa linguagem que reside uma das conquistas de Plínio Marcos e uma das forças expressivas da peça. Ela exprime uma visão degradada, cínica, da realidade e, enquanto a exprime, degrada-a cada vez mais, corrompen-

144

do ao mesmo tempo os que a usam com o desesperado prazer de quem se sabe perdido. Por vezes ela suscita o nosso riso, pelo sabor que lhe é inerente, mas ao mesmo tempo nos faz envergonhar-nos do nosso próprio riso. A imagem precisa que essa gíria projeta de uma parcela ínfima da sociedade assusta-nos porque algo da sociedade maior e de todos nós está contido nessa parcela, embora grotescamente deformado, reduzido aos mecanismos mais primitivos. É por isso que esta peça é uma navalhada também na nossa carne. Essa linguagem bruta, que forçosamente tem de manter-se no nível intelectual e moral das personagens, sem nunca o ultrapassar, consegue sugerir, no excelente desempenho de Paulo Vilaça, Ruthinéa de Morais e Edgard Gurgel Aranha, a consciência surda e rudimentar que elas têm da sua condição desgraçada de objetos, numa engrenagem em que o amor se reduz ao prazer negociado, à oferta e à procura de um pouco de calor, num mercado mantido pela solidão humana. O dinheiro ganho pela prostituta daqueles que a compram e que serve para comprar o rufião é roubado pelo homossexual para que possa comprar, por sua vez, um pouco de afeto. Todos usam e exploram e são usados e explorados no que é mais íntimo e pessoal. Nada de elevado é dito, nada de elevado pode ser dito na linguagem torpe das personagens e, no entanto, revela-se a cada passo toda a gama de valores humanos que se corrompem e todo o sofrimento e desespero das vítimas.

"Será que somos gente?", pergunta a prostituta. Através da simplicidade dessa pergunta transparece a gravidade e o *pathos* moral das indagações mais profundas da filosofia. Uma das fórmulas do imperativo categórico, na filosofia moral de Kant, estabelece que a dignidade da pessoa humana é ferida por quem a usa apenas como meio e não a trata, também, como fim em si mesmo, isto é, por quem transforma a pessoa em simples coisa e objeto, sem respeitar-lhe a condição humana de sujeito livre. E é exatamente nesse ponto que a peça nos

145

atinge a todos e reflete, ao desnudar os mecanismos elementares do submundo, problemas morais e sociais muito mais amplos. Quem consegue sugerir com precisão extraordinária e com todo o impacto da expressão teatral, através da simples pergunta de uma prostituta, sem nunca ultrapassar o linguajar dela, as mais graves questões da moral, é um escritor que deve ser estimulado.

Ninguém negará que a peça contém numerosas expressões obscenas e chocantes, aliás, todas elas rigorosamente ligadas ao ambiente em que ela se desenrola. É provável que o autor tenha até visado obter certo efeito de choque. Mas esse efeito pode coadunar-se perfeitamente com intuitos artísticos, precisamente por romper a "bela aparência" estética e impor violentamente a realidade. É conveniente salientar que mesmo um forte teor obsceno (aliás, inexistente em *Navalha na Carne*, dada a ausência de qualquer cena visual de teor lascivo; de resto, não vamos entrar no mérito das definições, extremamente precárias nesse terreno; atemo-nos ao ligeiro choque sentido pela consciência normal do adulto de hoje) de modo algum precisa resultar em pornografia. A pornografia é subliteratura ou subteatro, manipulando a indecência visual e verbal arbitrariamente, sobretudo para fins comerciais, como ocorre nas revistas chulas, de piadas ambíguas e gestos sugestivos, raramente proibidas pela censura. Os motivos inferiores da pornografia ressaltam da vacuidade do contexto, da nulidade da obra total. Em verdadeiras obras de arte, porém, o obsceno subordina-se a intenções e valores elevados e exerce uma função significativa no contexto total. É exatamente isso que ocorre em *Navalha na Carne*, como foi demonstrado antes.

O que na peça se afigura obsceno é a linguagem drástica que não disfarça por eufemismos, mas ao contrário ressalta e desnuda as relações eróticas, reduzindo-as ao processo físico, sem associá-las, de imediato, a valores superiores, de ordem psíquica ou espiritual. Mas é precisamente esse desnudamento brutal, sem adocica-

146

mento, sem uma gotinha de dietil, sem disfarce e sem ambigüidade, que revela, imediatamente, o *pathos* moral do autor, dando ao obsceno sua função significativa dentro da visão profundamente humana da peça. Toda a degradação das personagens tem de ser revelada; a "sífilis" tem de ser diagnosticada, o nome dito com todas as letras, os espectros expostos à plena luz do dia. Na aparente negatividade está implícita a mensagem humana. Qualquer recurso fácil de piedade explícita ou de retórica conciliadora teria sido desastroso. Com intuição certa o autor viu que seria desumano humanizar o desumano, como seria inconcebível borrifar com a água-de-colônia das rimas ricas do parnasianismo um poema dedicado aos campos de concentração.

Alegou-se que a peça é antiestética. Usado assim, o termo "estético" significa algo semelhante a "sorriso da sociedade", algo como perfumar a decomposição para que ela possa ser apreciada com o "prazer desinteressado" da estética clássica. Entretanto, levado a sério e usado em sentido mais atual, o termo significa, aplicado ao nosso tema, a organização dramática adequada à comunicação eficaz. Pode-se discutir, evidentemente, se a organização é perfeita. Mas a eficácia da linguagem, mesmo no sentido restrito da dimensão verbal, já se evidencia pelo fato de só ela, como estilo, conter o tema todo, mesmo abstraindo do enredo e das personagens. É uma linguagem que nos agride e que constantemente ameaça romper a moldura que separa a arte da vida real (o que é, aliás, típico de toda a arte moderna!). O obsceno, como o feio e o nauseabundo, impõe a realidade crua, precisamente por interromper o "prazer desinteressado" a que em geral convida a qualidade lúdica (desreal) da ficção. Mas no que pode parecer negativo, reside a força da peça. Na medida em que a linguagem é obscena, ela implica o risco de violar o contexto estético; mas na medida em que por isso mesmo é adequada ao choque visado e à comunicação eficaz, ela intensifica esse contexto.

147

Longe de ser uma negação do estético, a peça acaba sendo uma negação estética, isto é, a negação, em termos estéticos, do que envilece a imagem humana; a denúncia dramática de um autor que ama o homem.

3. O TEATRO BRASILEIRO ATUAL*

Duas "descobertas" foram em 1967 os acontecimentos mais marcantes da vida teatral brasileira. Graças à primeira, um jovem dramaturgo de grande talento obteve repentina fama nacional (e agora já internacional), depois de um esforço de anos, longamente frustrado, para conquistar o palco. Duas peças de um ato, *Dois Perdidos numa Noite Suja* e *Navalha na Carne*, além de uma luta encarniçada com a censura, transformaram Plínio Marcos da noite para o dia em assunto obrigatório. Os teatros do Rio de Janeiro e de São Paulo, e logo também de outros Estados, disputavam suas peças. Durante meses se apresentavam ao mesmo tempo três ou quatro peças do antigo operário e palhaço de circo (às menciona-

* Artigo publicado na revista *Comentário* ano x – vol. 10, nº 4 (40), 4º trim. 1969.

149

das se acrescentaram *Homens de Papel* e *Quando as Máquinas Param*).

Suas peças de maior êxito são por ora aquelas que focalizam principalmente o submundo do *Lumpenproletariat* metropolitano – prostitutas, proxenetas, coletores de papel, desempregados crônicos etc. Trata-se, no caso, de obras cujo naturalismo, como estilo, é em si superado. Entretanto, o verismo radical, o domínio magistral do jargão dos "deserdados", a agudez e precisão da observação e a força elementar com que na sua cena se espraia a vida tormentosa e selvagem dos humilhados tornam sua obra revelação num país cujo teatro nunca passou por uma fase naturalista digna de ser levada a sério. É verdade, todavia, que o estilo naturalista, na medida em que são observados seus limites e limitações, não permite ao autor ultrapassar o horizonte fechado de personagens quase sempre primitivas. Só elas podem manifestar-se e essa manifestação pode articular somente de forma obscura seu mundo opaco. Desse modo, o autor naturalista se veda a possibilidade de uma interpretação mais profunda da realidade e de um jogo mais livre da imaginação. Mas o talento de Plínio Marcos é suficientemente rico para, ainda assim, sugerir as iniqüidades da sociedade mais ampla ao apresentar os males e as misérias de suas existências marginais.

Menor êxito de público obteve por ora com duas peças que enveredam por rumos diversos, indubitavelmente promissores. *Dia Virá* é uma peça interessante, de teor épico, em que Plínio aborda a relação entre Jesus e Judas de uma forma ousada, completamente fora dos moldes tradicionais (o herói verdadeiro, na peça, é Judas). Por sua vez, *Jornada de um Imbecil até o Entendimento*, obra inteligente, de vivo jogo cênico, focaliza problemas atuais em termos que se afastam totalmente do estilo naturalista. Essas peças confirmam o grande talento de Plínio Marcos, demonstrando sua versatilidade e suas po-

150

tencialidades extraordinárias, de modo algum confinadas a um só tipo de dramaturgia.

De ordem bem diversa é a segunda "descoberta" que é, propriamente, uma redescoberta. Refere-se ela à obra dramática, até então pouco conhecida, de Oswald de Andrade (1890-1954), ao lado de Mário de Andrade o principal líder do movimento modernista de 1922. Sua obra dramática vem suscitando amplo interesse em virtude da revalorização de sua obra geral pelo grupo paulistano Noigandres, cujos representantes, os poetas e críticos do movimento concretista Décio Pignatari e Augusto e Haroldo de Campos, gozam de elevado prestígio nos círculos da vanguarda internacional. As peças de Oswald correspondem ao espírito do movimento modernista e o ultrapassam pelo radicalismo agressivo.

Em *O Rei da Vela, O Homem e o Cavalo* e *A Morta* – uma quarta peça é inédita –, Oswald assimilou e reformulou de modo criativo os experimentos do teatro moderno desde o futurismo até o surrealismo, e de Pirandello a Maiakovski, ou empreendeu, de modo independente, ensaios análogos. Escritas na década de 1930, poucos anos após os primeiros esboços teóricos de Brecht (que sem dúvida eram desconhecidos a Oswald), as peças surpreendem por técnicas aparentadas com o "efeito de distanciamento". É nítida a aspiração de obter novas relações entre o palco e a platéia, assim como a tentativa de superar o teatro ilusionista tradicional. Só quem conhece o convencionalismo do teatro brasileiro daquele tempo pode avaliar o avanço audacioso dessas obras.

Entretanto, esse acontecimento, em si puramente literário, revestiu-se de importância ainda maior graças à encenação de uma das peças mencionadas (até então nenhuma fora apresentada) por José Celso Martinez Corrêa. A escolha recaiu sobre *O Rei da Vela*, peça cujo diálogo ágil e preciso desde logo rompe com certa tradição retórica do teatro brasileiro. Trata-se de uma sátira crassa à burguesia e à aristocracia rural paulista, círculos

151

a que de resto pertencia o próprio autor. Ambas as classes entram em relações duvidosas através de representantes típicos (ou como tais imaginados), o usuário e industrial Abelardo I (rei da indústria de velas) e a feudal Heloísa de Lesbos, membro da aristocracia do café, paulista de quatrocentos anos. Essas relações deverão ser coroadas por um contrato, o do matrimônio, quer para sanar a situação econômica abalada de uma, quer para elevar o *status* social do outro. Os nomes dos dignos parceiros desde logo sugerem o caráter satírico da obra. Abelard e Heloise, heróis de um dos grandes dramas de amor da história universal, encontram-se aqui rebaixados a sócios comerciais. Nisso sobretudo e em variadas perversões sexuais destas e de outras personagens (o nome Lesbos revela a intenção) reflete-se a coisificação e corrupção das relações humanas de um modo que lembra por vezes a arte do dramaturgo expressionista Karl Sternheim. Num estilo extremamente grotesco as personagens desmascaram com drasticidade explosiva sua falta de dignidade. Como Alfred Jarry nas suas peças em torno do Rei Ubu, o autor despreza todas as delongas e todos os processos do realismo psicológico. Não se importando com as exigências sagradas da verossimilhança, funcionando como comentador invisível, mas onipresente e onisciente, Oswald de Andrade transforma as personagens em mensageiros indecentes das suas (autor) opiniões pouco alentadoras sobre elas, atribuindo-lhes um cinismo que indubitavelmente poderia ser delas, ao mesmo tempo, porém, uma inteligência que certamente só pode ser do autor.

Como rei da vela Abelardo é parasita das massas que sem dúvida podem viver sem velas, mas sem elas não podem morrer (o símbolo, reforçado pela encenação, sugere a violentação). Mas o rei é por sua vez explorado e emasculado por Mister Jones. É possível que o autor aluda, no caso, ao triste destino do Abelardo histórico. Traço curioso, aliás também da obra de Brecht e da vanguarda atual, é a duplificação do "herói", no caso dessa peça sua fragmentação em chefe e empregado ou "rei" (Abelardo I) e "sucessor" (Abelardo II). A relação entre "senhor" e "servo", que lembra um pouco a análise de Hegel, reencontramos sobretudo também em Beckett. O servo aqui se torna ao fim carrasco de quem fora antes instrumento, sem que de resto deixasse de ser o instrumento de Mister Jones. O fim volta ao início, a obra é circular como boa parte da dramaturgia atual. Heloísa troca o sócio, mas não o dono, Mister Jones.

Na sua encenação audaz (apresentada também na França), José Celso acentua a montagem de estilos heterogêneos, aliás, sugerida pelo texto. O primeiro ato lembra o mundo circense de Wedekind e o surrealismo dos irmãos Marx. No segundo prevalece a revista apimentada, preparada de forma tão "culinária" que serve para provocar indigestões não apenas estomacais. O terceiro, enfim, parodia a grande ópera e a reduz a menos de *Três Vinténs*. No anulamento da ilusão cênica e no emprego de recursos teatrais extremos, libertos de todas as restrições impostas pela tradicional "imitação da realidade", a encenação foi das mais avançadas e ao mesmo tempo violentas já ousadas nos palcos brasileiros. José Celso exagerou conscientemente os aspectos obscenos da peça e manipulou, não sem bom gosto, o *kitsch* e o mau gosto. O mundo espaço-temporal fictício da peça dissolve-se, ao irromper no mundo empírico da platéia, por exemplo, mediante um balanço que atira, de modo angustiante, uma das personagens platéia adentro. O feito lembra os tiros com que Meyerhold atacou seu público. José Celso sem dúvida conseguiu impedir o "agrado desinteressado" da estética clássica. A encenação visava a efeitos de choque, tornando-se freqüentemente de propósito "desagradável" e "venenosa" e embora talvez não produzisse, segundo as teses de Antonin Artaud (e Nelson Rodrigues), nem tifo, nem a malária ou peste, não deixava de esforçar-se honestamente, conforme a palavra do diretor,

153

de distribuir bofetadas entre o público e fazê-lo "engolir sapos" e até "jibóias". Tendências semelhantes de "tratamento de choque" são hoje corriqueiras em boa parte do mundo. Envolver o público e fazê-lo participar num plano que ultrapassa o da mera identificação imaginativa é já há vários lustros uma das metas do Living Theatre e de um diretor como Jerzy Grotowski e do seu Teatro-Laboratório.

3.1. Crítica Social e de Costumes

A importância dessa redescoberta pode ser avaliada pelo fato de ela exigir uma revisão da história teatral brasileira. Até então era costume considerar Nelson Rodrigues (1912) como pioneiro do teatro brasileiro moderno. Sua peça *Vestido de Noiva* de fato inaugurou uma nova fase cênica, na década de 1940, aliás também graças à encenação expressionista do diretor Ziembinski. Somente agora se torna claro que Oswald de Andrade se antecipou como dramaturgo a Nelson Rodrigues, embora não exercesse nenhuma influência por ter-se antecipado demais em relação às possibilidades teatrais do teatro brasileiro da década de 1930. Somente no sentido do eco imediato pode-se manter atualmente a tese de que a estréia de *Vestido de Noiva* em 1943 teria sido o acontecimento decisivo do teatro brasileiro contemporâneo, em conseqüência do impulso desencadeador e libertador que dela se irradiou (é verdade que a encenação de Ziembinski como tal, independentemente da peça, enquanto obra literária, continua sendo um marco decisivo).

A peça de Nelson segue a linha de um expressionismo que torna o palco "espaço interno" de uma consciência a fim de sondar-lhe os planos mais profundos. O diálogo racional, convenção básica do teatro tradicional, é por definição inadequado para representar o inconsciente. Tornou-se impositivo o uso de novos recursos para dar vida cênica aos planos menos articulados da mente. Inspirados por Strindberg, os expressionistas projetaram no palco imagens oníricas, visões ou alucinações, destinadas a revelarem realidades mais profundas, enquanto ao mesmo tempo se iam decompondo as unidades clássicas de espaço, tempo e ação – formas e categorias, mediante as quais a consciência racional procura organizar a realidade (ou os fenômenos considerados reais). Nelson Rodrigues radicalizou tais e semelhantes processos, aplicando técnicas cinematográficas e o palco simultâneo. Indubitavelmente ampliou os recursos cênicos do seu mestre Eugene O'Neill e precedeu Arthur Miller (*Morte de um Caixeiro-Viajante*) no uso de certos processos cênicos.

Entretanto, deve ser acentuado que o expressionismo de Nelson representa apenas uma solução técnica motivada por cogitações realistas. No caso da peça em pauta o estilo expressionista decorre da agonia da protagonista. Buscando inconscientemente a morte, ela é atropelada e sua vida psíquica profunda é em seguida revelada durante a narcose pela projeção visual de seus sonhos, desejos e angústias. Semelhante "justificação" convencional-realista de um mundo distorcido encontra-se no filme *O Gabinete do Dr. Caligari*: as monstruosas visões são, no fim, racionalmente explicadas como sendo as de um louco. Não se trata, portanto, de um expressionismo "estrutural", que tende a ontologizar o mundo projetado, por mais subjetivo que pareça ser, mas do emprego de novos recursos cênicos a fim de, pela introspecção, aprofundar a tradicional peça de costumes de feitio realista. Mesmo a tendência violentamente erótica das obras de Nelson Rodrigues, tendência de fundo por vezes místico, assim como a descida para o mundo ínfero dos arquétipos míticos, não negam, de modo algum, essa vocação para a peça de costumes. Isso, aliás, corresponde ao moralismo de Nelson, baseado em última análise em concepções judaico-cristãs. Como muito bem viu Sábato

155

Magaldi, o mal, na obra de Nelson, provém no fundo sempre da queda paradisíaca. Sua análise da realidade brasileira limita-se quase sempre à investigação crítica de atitudes morais, a sintomas, portanto. Semelhante visão mantém-se mesmo na peça em que mais avança no caminho da crítica social, *Bonitinha, mas Ordinária*, notável, como a maioria de suas obras, pelo magnífico diálogo e pela grande fantasia cênica. O ricaço da peça, com seu estribilho "Eu pago", é uma personagem muito bem elaborada. Mas a corrupção da família burguesa, suas relações rebaixadas a negócio, não são o ponto de partida de uma interpretação mais profunda da realidade social e das causas dessa decomposição, como teria correspondido às exigências da consciência atual. Nesse ponto Nelson nem sequer atinge a agudez da crítica que encontramos em *Le Faiseur*, peça escrita há mais de cem anos por Balzac.

A crítica social, mais ou menos manifesta, mais ou menos radical, é um impulso constante dos dramaturgos brasileiros. Isso se refere também ao teatro católico. Como diretor artístico do elenco universitário do TUCA (Teatro da Universidade Católica de São Paulo), Roberto Freire, apoiado na encenação de Silnei Siqueira e na cenografia de Armando Ferrara, obteve resultados notáveis, com repercussão internacional, quando da *mise-en-scène* do auto de natal *Morte e Vida Severina*, poema dramático de João Cabral de Melo Neto (primeiro prêmio no Festival de Nancy, 1966). Severino, nome do protagonista, designa, no uso adjetivo, o "severo destino" anônimo e coletivo, a vida e a morte dolorosas das populações nordestinas. Como auto de natal, a peça tem, evidentemente, um desfecho otimista. Mas esse otimismo é fortemente contido pela linguagem seca, dura e por vezes amargamente irônica do grande poeta. À música de Francisco Buarque de Holanda a encenação deveu efeitos magistrais. Em seguida, o grupo obteve êxito significativo com a pantomima musical *O & A*, produto caraterístico de um teatro "desenfreado", não-literário. Principalmente nesse sentido, mas também no de um protesto contra as gerações mais velhas, esse "mimodrama" de Roberto Freire (com música de Chico Buarque), em que o coro dos velhos se exprime exclusivamente pela vogal "O", ao passo que ao canto da juventude é reservada a vogal aberta "A", pertence integralmente ao teatro contemporâneo. O protesto mormente da juventude estudantil contra as gerações mais velhas é fenômeno característico de uma época de mudanças culturais rápidas. É conhecida a atitude que, no século passado, no início da Revolução Industrial, um estadista restaurativo como Metternich tomava contra a juventude estudantil. Trata-se, enfim, de um fenômeno universal e já não tão recente assim, às vezes aguçado em países em desenvolvimento.

Bem antes de ter assumido a direção artística do TUCA, Roberto Freire se projetou como dramaturgo (e, mais recentemente, como narrador). Em peças como *Gente como a Gente* e *Quarto de Empregada*, mostra o mundo da gente miúda, com um realismo temperado pela solidariedade de um catolicismo aberto e combativo.

Bem diverso é o teatro de Ariano Suassuna (1927) que obteve êxito internacional com *Auto da Compadecida*. Nenhuma de suas outras obras – comédias, farsas, autos de tradição medieval – teve por ora repercussão semelhante (o fato é que os textos são quase inacessíveis, mesmo aos profissionalmente interessados). A peça mencionada, cuja versão cinematográfica foi bem recebida, apóia-se na tradição católico-didática dos fins da Idade Média, dos milagres e dos famosos autos de Gil Vicente. É a essa tradição principalmente, não tanto à influência de Claudel e ainda menos de Brecht, que a peça certamente deve seu caráter épico e o jogo dirigido ao público, jogo acentuado pela intervenção de um comentador e pelos aspectos fortemente circenses e populares. Uma grande cena, que representa o tribunal celeste e na qual a Virgem Maria se compadece dos pecadores, retoma uma velha tradição do teatro cristão. Suassuna critica na peça, com humor saboroso, a simonia e outros pecados do clero, partindo de uma posição decididamente religiosa. Tanto em *A Compadecida* como em outras peças conseguiu fundir, de um modo extremamente feliz, o legado católico, os intuitos de crítica social e o folclore nordestino.

3.2. O Misticismo e Fanatismo Religioso

A esse mundo nordestino flagelado pelas secas e pelo subdesenvolvimento é também dedicada parte das peças de Dias Gomes, principalmente *O Pagador de Promessas*, do qual é extraído o argumento do excelente filme de Anselmo Duarte, que conquistou em Cannes a Palma de Ouro. O misticismo popular é também o tema de outra peça do mesmo autor, *A Revolução dos Beatos*. Na primeira, Dias Gomes conseguiu apresentar um quadro impressionante do abismo trágico que separa a "hinterlândia" do Estado da Bahia da sua capital Salvador e, em geral, as regiões atrasadas do Brasil das mais adiantadas. Verifica-se que não há nenhuma possibilidade de comunicação entre o sertão e a metrópole. O herói, um camponês simples, cujo pensamento e ação são ainda determinados por imagens e padrões míticos, debalde procura compreender e ser compreendido pela cidade, cuja vida é dirigida por conceitos abstratos e impessoais. O conflito trágico decorre do fato de não lhe ser dada a permissão de cumprir sua promessa, depositando na esplêndida igreja da capital uma enorme cruz que carregou nos ombros, através do sertão, para consagrá-la à Santa a quem deve a salvação do seu burro. Nesse conflito não só sucumbe o herói, mas seu próprio conceito se decompõe. Pois o herói, no sentido autêntico, somente como personagem mítica pode atingir aquela grandeza que se lhe atribui. Para levar uma vida heróica significativa é necessário um ambiente singelo, ainda organizado segundo estruturas míticas. No entanto, a engrenagem complexa da metrópole moderna aniquila necessariamente o "herói mítico" e decerto também seu conceito, como aliás foi muito bem demonstrado por Dürrenmatt. O mundo infinitamente mediado da organização anônima transforma-o em uma figura quase quixotesca, absurda, inadaptada.

Na segunda peça, uma farsa popular, é tratado, dentro de uma esfera semelhante, o tema da "conscientização", da desmitificação e desmistificação. No centro encontramos a "personagem" histórica do Boi Santo que no início deste século galvanizou as esperanças messiânicas de fanáticos religiosos do Nordeste. O "herói" ingênuo dessa farsa liberta-se ao fim da superstição dos beatos que idolatravam o famoso animal.

O fanatismo religioso, ao qual se devem carnificinas horripilantes, é tema importante da literatura brasileira. Assim também Jorge Andrade (1922-1984) dedicou uma de suas obras – *Veredas de Salvação* – ao motivo do messianismo, apoiado num fato real acontecido em Minas Gerais, que há vários anos provocou enorme repercussão. Apesar de a peça não manifestar tendência ideológica, mantendo-se livre de apelos sociais, ela levanta uma acusação terrível pelo testemunho da realidade documentada. A situação de certos grupos rurais, tal como apresentada nesse exemplo específico, parece sugerir como única saída a entrega patológica a um fanatismo irracional, cuja irrupção nos eventos dramatizados foi ao fim sangrentamente sufocada pela intervenção da polícia. Somente nesse drama Jorge Andrade focaliza a vida da população rural a partir da perspectiva dos dominados. Em geral o foco da sua obra, que cada vez mais se revela como uma das mais importantes do teatro brasileiro, é a aristocracia rural paulista a que o autor pertence pela sua ascendência.

O grande ciclo de suas peças, de *Pedreira das Almas*

159

e *O Telescópio* a *A Moratória* e *Rasto Atrás*, constitui como um todo uma epopéia poderosa da ascensão e da decadência e dissolução de toda uma camada social desde a crise de 1929, epopéia narrada com a participação íntima de quem pessoalmente viveu a decomposição de sua classe. Em peças mais recentes, ainda não publicadas ou encenadas, o autor retrocedeu até a origem do universo bandeirante (*As Confrarias, O Sumidouro*), analisando, à base de uma visão crítica de honestidade às vezes cruel, mas, ainda assim repleta de simpatia humana, as grandezas e misérias da história paulista. Os mitos são dissecados, sem que seus portadores percam a relevância humana, num processo de auto-revelação doloroso e purificador. Um mundo pleno de imagens, pensamentos e paixões, focalizado com sensibilidade psicológica e sagacidade na observação dos fenômenos sociais, toma forma nessa dramaturgia que, renovando-se sempre e mantendo-se aberta à pesquisa, recusa o excesso e permanece fiel a um alto padrão de nobreza literária. A obra de Jorge Andrade foi escrita para durar.

3.3. *Música e Show*

Entre as correntes mais interessantes do teatro brasileiro atual conta-se o "musical" brasileiro que segue, em certa medida, os passos da revista popular tradicional, com sua crítica moralista um pouco ingênua à respectiva situação do país[1]. Desde então a mentalidade e as

1. Nesse nexo pode ser apenas mencionado um outro gênero de espetáculos coreográfico-musicais, aliás mundialmente famosos: os desfiles festivos das escolas de samba do Rio de Janeiro durante o Carnaval, ultimamente objetos de promoção turística oficial. As danças esplendorosas dos elencos de samba mais cotados e mais populares filiam-se a um gênero teatral muito difundido na época renascentista e barroca. Trata-se de teatro não somente pelo teor de grande espetáculo, mas também pelo fato de os grupos se subordinarem, de um modo livre, a um "enredo", uma "história", uma "ação" ou idéia

atitudes mudaram. A partir dos inícios da década de 1960 os *songs* se radicalizaram freqüentemente para se tornarem cantos de protesto, que, ultrapassando a crítica puramente moralista das revistas mais antigas, se mostram influenciados, em grau mais alto, por idéias políticas. Esse teatro musical politizante foi freqüentemente ironizado como expressão da chamada "esquerda festiva". Sem comparar os respectivos méritos artísticos, pode-se dizer que a crítica festivamente musical tem um grande predecessor que pertencia à "direita festiva": trata-se do maior comediógrafo de todos os tempos – Aristófanes.

Tornou-se particularmente conhecido o *Show Opinião*, que difundiu as composições do nordestino João do Vale e cujo êxito se deve em parte a intérpretes famosos da música popular como Zé Keti e Nara Leão. Dentro desse movimento obteve ampla repercussão o *show Liberdade, Liberdade*, de Millôr Fernandes. Muito ativo nesse campo é também Oduvaldo Vianna Filho, rebento espiritual do Teatro de Arena.

Amplos comentários provocou em 1968 a revista musical *Roda-Viva*, de Chico Buarque de Holanda. O compositor e poeta ataca nessa obra, de forma veemente, os mecanismos e manipulações da indústria cultural, sobretudo seu método de fabricar a consumir astros e ídolos míticos, adorados pelas massas. O autor aborda esse tema, freqüentemente apresentado em filmes, de modo original e à base da própria experiência. A encenação de José Celso foi a mais agressiva e violenta que o público brasileiro chegou a suportar.

Certo parentesco com esses *shows* musicais se nota no "teatro antológico". Êxito particular nos moldes desse gênero teve *O Homem do Princípio ao Fim*, de Millôr Fernandes, montagem inteligente de cenas e textos da literatura universal que apresentam o ser humano em

---

central refletida nas fantasias magníficas, nos cantos, danças e figuras alegóricas dos carros ricamente ornados.

múltiplas situações "existenciais". As cenas não são ligadas por uma ação una, mas apenas pelo *leitmotiv* da aventura da existência humana, por uma idéia central, portanto, que é exposta à dialética de situações-limite e contrastes emocionais extremos. Nessa colagem, impregnada de anedotas e piadas políticas atuais, chamam a atenção certos traços do *cabaret* literário europeu que até agora não encontrou representantes no Brasil. Nesse gênero teatral "aberto" é digna de nota a falta de uma ação dramática. Por isso mesmo ele exige atores excelentes como, no caso, Fernanda Montenegro e Fernando Torres. Ao menos no momento a fábula logicamente estruturada, com sua seqüência causal de cenas, não parece facilitar a apreensão de uma realidade que se afigura demasiado multívoca e fragmentária para se integrar numa ação em si conclusa.

3.4. Paixão e Distanciamento

Grande papel no movimento teatral ligado à música popular desempenha o já mencionado Teatro de Arena de São Paulo, dirigido por Augusto Boal (1928; diretor e autor) e, até há alguns anos, também por Gianfrancesco Guarnieri (1936; ator e autor). Trata-se, sem dúvida, do teatro brasileiro que se costuma engajar com maior conseqüência e continuidade numa clara linha de compromisso político-social, visando "humanizar o homem" no todo de uma sociedade que "procura libertar-se da alienação, quer de forma progressiva, quer aos saltos" (Boal, introdução à peça *Arena Conta Tiradentes*). Boal, a quem o Arena deve sua teoria ou poética em constante desenvolvimento, aspira a um teatro didático, dedicado à tarefa de analisar e interpretar a realidade nacional. A comunicação deverá realizar-se tanto no plano crítico-racional como intensamente emocional, tanto com os recursos do distanciamento – mediante comentadores, narradores e desempenho com direção ao público – como também com os da empatia, mediante uma personagem "protagonística" a quem cabe garantir a identificação emocional do público com as situações e os eventos. Essa participação emocional, ao lado da distância crítica, afigura-se necessária, segundo Boal, a fim de que a experiência estética do espectador, ultrapassando a atitude puramente contemplativa, se traduza em impulsos ativos. Pela mesma razão considera indispensável a recriação do grande herói, numa época em que o teatro tende a produzir sobretudo personagens negativas. A mitificação do herói não lhe parece incluir necessariamente a mistificação (Boal parece imaginar algo como um "mito correto"). O problema do herói já foi sugerido quando da abordagem de *O Pagador de Promessas*, de Dias Gomes; ao desmascaramento satírico do herói, o mesmo autor dedicou depois uma peça especial, *O Berço do Herói*. A problematização da personagem heróica e a procura crítica de um novo tipo de herói, visível também no cinema novo brasileiro, relaciona-se, ao que tudo indica, com preocupações atuais, tanto de ordem artística como político-social.

Os inícios do Teatro de Arena na década de 1950 inserem-se nos moldes de um realismo um tanto estreito *à la* Lukács. Desde há vários anos, sob a influência de Brecht, aliás forte em muitos círculos teatrais brasileiros, convenceram-se os chefes do Arena da "amplitude e variedade" do realismo (segundo um ensaio de Brecht, assim intitulado). Sempre orientados pelo seu engajamento, começaram a devotar-se à experimentação de variadas formas novas de ordem dramática e cênica, ocasião em que a música passou a exercer uma função cada vez mais acentuada.

Um dos mais destacados autores brasileiros, Guarnieri – que é também ator magistral – manifestou-se de início como representante do realismo tradicional. Seu talento se revelou com *Eles Não Usam Black-Tie* (1958),

163

confirmando-se alguns anos depois com a *A Semente*. Na primeira peça são focalizados os conflitos de um jovem proletário que vacila entre a solidariedade de classe e o anseio de ascensão social; na segunda, uma das melhores peças políticas brasileiras, são analisadas as colisões ideológicas dentro da esquerda. *Eles Não Usam Black-Tie* desenrola-se no ambiente da favela de um morro carioca, ambiente em que Guarnieri localizou também o enredo de outra obra, *Gimba*, a glorificação assaz romântica do "malandro" carioca. No sentido de uma topologia sociopoética talvez seja interessante anotar que o baixo submundo carioca freqüentemente se situa na elevação dos morros e que a descida à cidade, embora muitas vezes almejada como ascensão social, de outro lado também pode ser interpretada, em conexão mais poética, como "queda", abandono das alturas nobres da pobreza solidária e pura e dos turumbambas másculos e ferozes, descida e decaída para o mundo maligno de covardes exploradores e "tiras" corruptos.

Quanto a Boal, tende como autor mais para a farsa popular. São dignas de menção peças como *Revolução na América do Sul* (1960), sátira às famosas revoluções latino-americanas, e *José do Parto à Sepultura*, história farsesca de um homem miúdo que soçobra porque pretende viver, rigorosamente virtuoso, segundo os valores oficialmente consagrados – uma idéia bem brechtiana. Mais recentemente escreveu *Tio Patinhas* e *Arena Conta Bolívar*, peças que encenará no exterior.

Enquanto ainda parceiros, Boal e Guarnieri avançaram para o campo do teatro épico, com as peças *Arena Conta Zumbi* (1965), obra que obteve grande êxito também nos Estados Unidos, na encenação de Boal, e *Arena Conta Tiradentes* (1967). Em ambas as peças, os *songs* exercem função importante, e na última Boal desenvolveu plenamente (e ao mesmo tempo aplicou) as idéias da sua poética do "curinga". Já os próprios títulos indicam que o Arena recorre aos métodos do teatro épico, na medida em que narra como coletivo a história de heróis nacionais. O efeito épico (narrativo) é intensificado pelo fato de um número pequeno de atores representarem todas as personagens; cada ator assume todos os papéis, não se identificando com nenhum, com exceção do ator protagônico que, em *Tiradentes*, desempenha exclusivamente o papel do herói. A este se opõe o Curinga, narrador e comentador crítico que assume, além disso, como os outros atores, diversos papéis. Esse processo se destina a impedir – excetuando-se o herói – a identificação do público com as personagens, acentuando a atitude narrativa ou épica: o coletivo do Arena "relata", "mostra", "ilustra" as personagens, nenhum dos atores, com exceção do ator protagônico, se transforma nelas.

Os últimos experimentos do Teatro de Arena partem sem dúvida das teorias de Brecht. Entretanto, conduzem a soluções autóctonas e originais e a novas concepções teatrais, atualmente desenvolvidas exclusivamente por Augusto Boal, já que Guarnieri se afastou do Arena.

3.5. *A Safra dos Novíssimos*

O ano de 1969 provavelmente será destacado, no futuro, como notabilíssimo na história do teatro brasileiro, graças ao "estouro" de um número surpreendente de novos talentos, entre eles três jovens dramaturgas – Leilah Assunção, com a peça *Fala Baixo Senão Eu Grito*, Isabel Câmara, com *As Moças*, e Consuelo de Castro, com *À Flor da Pele*, esta última, aliás, já antes notada pela peça *À Prova de Fogo*, proibida pela censura, mas superior à apresentada. Às três autoras acrescenta-se o jovem José Vicente, com *O Assalto*, cuja primeira peça *Santidade*, igualmente proibida pela censura, já revelou seu talento excepcional. *O Cão Siamês*, de Antonio Bivar, enriqueceu a excelente temporada paulistana de 1969. Esse autor já se tornara conhecido por duas peças, *Cordélia Brasil*, cujo êxito em parte se deve ao magnífico desempenho de Norma Bengell, atriz de força extraordinária, e *Abre a Janela*, obra em que se acentua, como traço característico de Bivar, a ruptura com o realismo mais estreito em busca de dimensões imaginárias que invadem o absurdo. Aliás, nenhum dos autores mencionados se atém ao realismo tradicional.

As cinco peças mencionadas se assemelham pela estrutura: duas personagens apenas, das quais uma, marginal e *outcast*, anárquica, livre ou neurótica e inconformada, agride a outra, mais "quadrada", de tendência mais conformista, assentada e estabelecida, de mentalidade "burguesa", embora não pertença necessariamente à classe burguesa. Realistas pela linguagem coloquial e drástica, eivada de palavrões – linguagem sem dúvida influenciada por Plínio Marcos –, avançam para uma expressividade que, em muitos momentos, se abeira do expressionismo confissional, do surrealismo e do absurdo. Não há, por ora, nenhum trabalho sério sobre o problema do palavrão no teatro. Seu uso, além de ser pressuposto para caracterizar realisticamente ambientes e comportamentos, visa romper a esfera puramente estético-contemplativa pela agressão e pelo choque do obsceno, além de certamente exercer funções de descarga, de revelação e de fórmula mágica. O que talvez mais importe parece ser o intuito de romper com todo um padrão de torneios eufemísticos e toda uma mascarada retórica tradicional, odiados pelas novas gerações por se afigurarem representativos do conluio com uma cultura e sociedade consideradas falsas e podres. Assim, o palavrão é julgado uma espécie de contraveneno, de efeito catártico e purificador. Como ao jovem Brecht pareciam puros os criminosos, por não pactuarem com uma sociedade julgada criminosa, assim o palavrão se afigura puro por não

pactuar com a semântica corrupta da linguagem corriqueira e, principalmente, política[2].

Todos os autores mencionados parecem ter sofrido
certa influência de *Zoo Story*, de Edward Albee: o encontro de duas solidões, uma consciente (a do marginal), outra inconsciente (a do conformista), essa última em geral
consciencializada pela agressão do *outcast* que abala o
mundo aparentemente seguro do "burguês" e com isso
também o do público, arrancado do seu conformismo
pressuposto. Em todas as peças é característico, como
em *Zoo Story*, o sentimento de depressão, "fossa" e desespero, associado a fortes impulsos sadomasoquistas e
violentas atitudes anárquicas. As peças são documentos e
sintomas terríveis, mas, ainda assim, promissoras pela
honestidade e pelo inconformismo. Todas elas ultrapassam, em alguns momentos ao menos, o significado meramente "documentário" e confissional, atingindo, em
maior ou menor grau, o nível da validade estética.

A supremacia feminina entre os novíssimos é forta-
lecida pela obra teatral de Hilda Hilst. Embora não per-
tencendo à mesma geração e já consagrada como poeta,
só recentemente invadiu o campo da dramaturgia. O teatro de Hilda Hilst, cerca de oito peças, não se filia a nenhum grupo. A autora é uma espécie de unicórnio dentro da dramaturgia brasileira. Suas peças revelam acentuado teor poético e certas tendências místico-religiosas,
conquanto fora dos padrões de qualquer religião tradi-

---

2. Segundo pesquisas do Ibope, o palavrão não parece exercer influência decisiva sobre o público que freqüenta teatros: 55% não mudaram de atitude por causa deles; 17% alegam que, por isso, seu interesse pelo teatro diminuiu um pouco; 11% afirmam que o palavrão
contribuiu para que seu interesse diminuísse decisivamente, ao passo
que 17% tiveram, pela mesma razão, seu interesse aumentado. No caso dos homens, o interesse total aumentou, no das mulheres, diminuiu. A atitude dos jovens é mais favorável ao palavrão do que a dos
maduros e a dos estudantes é mais favorável do que desfavorável (o
interesse de 20% aumentou, de 13% diminuiu um pouco, de 3% diminuiu muito e de 64% não foi afetado).

cional. Estilisticamente tendem ao experessionismo, em virtude de certa abstração que dá às personagens cunho arquetípico. A despeito do que possa parecer à primeira vista, quase todas as suas peças giram, pelo menos em vários de seus planos, em torno de questões atuais, abordadas, no entanto, em termos simbólicos ou alegóricos. Ressurge, com insistência, o problema do sufocamento do indivíduo e do amor, do esmagamento da criatividade, da juventude, da justiça, da liberdade, sob o peso das engrenagens tradicionais e dos podres anônimos do nosso "mundo administrado" e tecnicizado. São dignas de nota a alta qualidade literária dos seus textos, assim como a experimentação de versos coloquiais adequados à cena moderna.

Embora peças suas já tenham sido encenadas com êxito por grupos amadores (*O Rato no Muro, O Visitante, O Novo Sistema*), uma delas na Colômbia, por ocasião de um festival, sua obra ainda não encontrou o acolhimento das companhias profissionais. Estas certamente se interessarão mais pela sua dramaturgia depois de ela ter sido distinguida com o Prêmio Anchieta de 1969, pela sua peça *O Verdugo*, focalização dramática de problemas religiosos, morais e políticos do nosso e de todos os tempos.

3.6. A Situação Atual

Esta rápida visão panorâmica evidentemente e muito omissa; numerosos autores e diretores de qualidade não foram tomados em consideração. O intuito foi esboçar algumas das tendências mais importantes, tanto no que se refere a estilos e pesquisas cênico-dramáticas como aos interesses temáticos, destacando-se em cada caso só poucas personalidades entre as mais representativas.

A situação cronicamente precária do teatro brasileiro é por ora inevitável. Não se apóia numa grande tra-

168

dição como a européia: falta-lhe o numeroso público de *habitués*, a organização de associações de espectadores, a promoção de que dispõem as indústrias culturais. Basta dizer que os atores e astros estrangeiros são favorecidos, em geral, por uma publicidade muito maior nos jornais e outros veículos de comunicação brasileiros que os astros nacionais, em parte, sem dúvida, mercê da facilidade com que as agências internacionais fornecem material abundante (pense-se, por exemplo, também na promoção de *Hair* que decerto nunca foi obtida, de forma tão maciça e em escala tão ampla, por nenhuma peça nacional).

O número de atores altamente qualificados é ainda pequeno. Não há autores clássicos, brasileiros ou portugueses, que possam constituir um repertório constante e atraente para um público numeroso de adultos e colegiais. Mesmo Shakespeare surge apenas ocasionalmente nos palcos do país. A encenação de peças de Sófocles ou Eurípides, Calderón, Lope de Vega ou Molière é em geral quase sempre de grupos amadores. As companhias profissionais preferem apresentar quase exclusivamente autores contemporâneos, política que em si mereceria apoio se beneficiasse em maior grau autores nacionais (neste ponto a situação melhorou ultimamente, pelo menos em São Paulo, graças às subvenções especiais concedidas pela Comissão Estadual de Teatro à encenação de peças nacionais). Elencos fixos, de teatros estaduais, municipais ou de outra ordem, não existem. As subvenções oficiais, na medida em que são concedidas, têm certa expressão somente no Estado de São Paulo, devendo ser mencionada também a política de apoio do Estado do Paraná.

Neste país gigantesco de noventa milhões de habitantes existe uma vida teatral de razoável intensidade somente em São Paulo e no Rio de Janeiro. Há certa tradição cênica em algumas capitais nordestinas (Recife, Salvador) e só nos últimos anos vão surgindo, timidamente, novos centros – Belo Horizonte, Curitiba, Porto Alegre.

Apesar de todas as dificuldades, tanto financeiras como de outra ordem, o teatro brasileiro mostra uma vitalidade surpreendente. No desenvolvimento das últimas décadas foi de grande importância a função das escolas de teatro, freqüentemente integradas nas universidades. Resultados exemplares, neste sentido, obteve a Escola de Arte Dramática de São Paulo, fundada há cerca de vinte anos por Alfredo Mesquita. Entre as escolas de outros Estados merecem menção as de Belém, Salvador e Porto Alegre, todas elas conhecidas pelo excelente nível alcançado. Sintomas positivos são também o interesse crescente da juventude estudantil e colegial, os numerosos grupos amadores, dentro e fora das universidades, a multiplicação de cursos e conferências populares sobre assuntos teatrais e o número crescente de publicações de peças e livros sobre teoria e história do teatro.

Se se fala do interesse crescente da juventude, refere-se isso, obviamente, a uma pequena minoria da classe média estudantil, devendo-se acrescentar que é em geral só a população de instrução superior que freqüenta teatros de um modo mais assíduo. Segundo um levantamento do Ibope feito recentemente em São Paulo (a pedido da CET), 1% da população de instrução primária, 2% de secundária e 7% de superior dedicam a maior parte de sua folga ao teatro (à televisão, na mesma seqüência, 57%, 35% e 20%, ao rádio 10%, 7% e 6%, ao cinema 4%, 5% e 8%, e à leitura de livros, 7%, 16% e 28%). Tomando em conta o total (paulistano), 40% preferem a televisão, 15% a leitura de livros, 8% o rádio, 7% passear de automóvel, 7% ouvir música, 6% praticar esportes, 5% ir ao cinema, 4% freqüentar festas e reuniões, 3% assistir a esportes, 2% jogar cartas, 2% ir ao teatro e 1% freqüentar bares e boates.

É evidente que a maioria esmagadora da juventude prefere, por razões econômicas e de formação cultural, em larga medida as indústrias culturais. Para as camadas mais pobres até o cinema se tornou luxo. Bem mais que o teatro europeu, o brasileiro tem de enfrentar a supremacia imensa das indústrias culturais. Amplas massas analfabetas a quem até há poucas décadas eram acessíveis somente formas elementares de divertimento e lazer, mormente as festas tradicionais, a dança e o canto no âmbito da comunidade imediata, por vezes o circo, ficaram de súbito expostas aos meios de comunicação modernos, sem que jamais tivessem tomado conhecimento da mediação mais crítica e reflexiva de veículos e artes intermediários como o livro e o teatro.

Entre os homens de teatro que sentem de algum modo sua responsabilidade social e que, por isso mesmo, prefeririam dirigir-se, através de um teatro popular, a círculos mais populares, é inevitável certo sentimento de frustração. As classes que alcançam são em geral precisamente aquelas pelas quais não morrem de amores (embora eles mesmos, homens de teatro, pertençam a elas). Não admira que o cinema, rádio e, principalmente, a televisão os atraiam fortemente: as massas a quem querem falar somente através desses veículos poderão atingir. É verdade, as razões dessa atração, sobretudo da televisão, nem sempre são tão nobres: a maioria dos atores só pode manter certo nível de vida graças à atuação nas telenovelas – trabalho que lhes prejudica a qualidade do desempenho teatral, por lhes dificultar enormemente os ensaios, para não falar de outros danos causados à sua vida e ao seu desenvolvimento artístico. Também para os autores é grande a sedução eletrônica, com conseqüências não menos prejudiciais. Eles bem sabem que o nível é quase sempre baixo, mas em compensação as rendas são altas.

Mesmo as companhias que realizam viagens extensas pelo interior, alcançam quase sempre exclusivamente a classe média. Ainda que houvesse a possibilidade de atingir as massas analfabetas, não seria sempre fácil en-

171

contrar a linguagem, o "código", que lhes transmitisse a mensagem. Faltar-lhes-ia freqüentemente a "palavra", tal como faltou a Mário de Andrade, quando desejava falar ao seringueiro do Amazonas, ou como faltou à cidade, quando, na peça de Dias Gomes, se dirige a Zé do Burro. O teatro do Brasil continua falando, hoje talvez mais do que nunca, a uma minoria proporcionalmente muito pequena, que se recruta quase exclusivamente entre as classes remediadas e abastadas, de instrução superior. Conquanto esta minoria, em números absolutos, esteja crescendo, graças ao crescimento da classe média e à ampliação dos quadros humanos com instrução secundária e superior, a situação se afigura altamente insatisfatória. Precisamente em nossos dias, em que o "suave terror" das indústrias culturais e de divertimento exerce um avassalador efeito de manipulação sub-reptícia de consciências, num sentido de entorpecimento e automatização de atitudes, caberia ao teatro uma importantíssima função de vigilância crítica e diferenciação espiritual junto às massas populares.

4. *O BALCÃO*, DE GARCIA

A esta altura choverá no molhado quem repetir que Victor Garcia usou o texto de Jean Genet apenas como ponto de partida para detonar o fogo de artifício da sua imaginação cênica excepcional. O mesmo talvez se diga da sua encenação de *O Cemitério dos Automóveis*, ocasião em que fundiu quatro peças de Arrabal num belíssimo espetáculo, com um desfecho que tanto tinha de uma paixão e de sua paródia como de uma orgia dionisíaca inebriante.

Entretanto, em ambas as encenações, se não se parece ter esforçado por transmitir os textos na sua dimensão denotativa, enquanto discurso lógico-referencial, é inegável que Garcia procurou aproximar-se do "espírito" das obras, talvez se dissesse melhor do seu magma ainda inarticulado, ainda incandescente, ainda não solidi-

173

ficado em rocha verbal: usando para esse fim uma linguagem cênica de extrema riqueza audiovisual em que as próprias palavras do texto, mobilizadas sobretudo na sua função conotativa e encantatória, se tornaram ritmo, som, cor, forma, volume, movimento.

A afinidade entre Garcia e Genet certamente decorre, em certa medida, do fato de ambos, por influência direta ou não, estarem próximos de Antonin Artaud, parecendo traduzir-lhe idéias, visões e intenções fundamentais. Todos os três são expoentes de um teatro irracional, "pré-lógico", selvagem, "primitivo", anárquico, sadomasoquista, "cruel", destinado a, segundo as palavras de Artaud, purificar os espectadores de seus impulsos destrutivos. Garcia, em especial, seguindo Artaud, faz um teatro que visa apelar sobretudo às emoções, produzindo estados de frenesi, delírio e excitamento através de violentos impactos físicos, triturando e hipnotizando a sensibilidade do espectador, colocado em estado de transe. Sem um elemento de crueldade na raiz de cada espetáculo (menos a crueldade que o homem inflige ao homem do que a de forças superiores, metafísicas, impiedosas, que esmagam o homem, e que este deve desafiar da mesma forma que os poderes sufocantes da civilização e da sociedade), o teatro, segundo Artaud, não seria possível. A metafísica, segundo Artaud, deve penetrar nosso íntimo "através da nossa pele", através de estímulos sensoriais e, por assim dizer, fisiológicos. No caso de Genet evidentemente trata-se de uma metafísica às avessas, da mesma forma que o ritual passa a ser ritual sem religião ou de uma religião satânica em que o mal e o abjeto são adorados com a devoção com que geralmente se celebra o sagrado. Ainda assim, a atmosfera ritual e solene, longe de se desfazer, se acentua nas suas peças (há, neste afeto anti-religioso, como no caso de Buñuel, uma religiosidade subjacente que decerto é mais séria do que a consagrada, morna, e por assim dizer oficial dos chavões corriqueiros).

174

O estado de frenesi visado por Genet e Garcia obedece a uma concepção do teatro, segundo a qual este foi criado para, tal como a peste, "drenar coletivamente" abscessos sociais e morais. É ainda no uso "mágico" da palavra que, tanto no caso de Genet como no de Garcia, se nota a influência de Artaud, arauto de um teatro antiliterário, contrário ao teatro conceitual que manipula sobretudo a função comunicativa da palavra. Favorecendo um teatro visual, em que o papel principal cabe ao encenador, Artaud desencadeou muitas das tendências cênicas atuais de que Garcia é, sem dúvida, um dos mais notáveis expoentes, criador de uma verdadeira "poesia espacial".

O exposto evidencia que o emprego de construções complexas e recursos técnicos elaborados, se porventura se inspirou em procedimentos de Erwin Piscator (encenador igualmente inclinado a manipular o texto com extrema liberdade), de modo algum lhe segue as tendências racionalistas, totalmente contrárias tanto a Artaud como a Genet e Garcia. Vale realçar, neste ponto, a curiosa contradição da encenação de *O Balcão*: o uso e, em certa medida, mesmo a glorificação de recursos técnicos complicados no contexto de um espetáculo irracionalista, de tendências arcaicas e "primitivistas". No fundo, apetrechos sofisticados, ápices da racionalidade e da civilização, são empregados para agredir a civilização, precisamente por ser racional. Isso, de resto, corresponde ao paradoxo da sofisticação primitivista e da requintada falta de gosto de certas correntes artísticas atuais.

O teor fundamental de peças como *As Criadas* e *O Balcão* parece ser o de criar a sensação assustadora do vácuo ou do nada, no sentido existencialista do termo. Tudo o que parece real e substancial – principalmente a realidade dos papéis sociais – é desmascarado como ilusão e aparência, num processo de aniquilamento da realidade e sucessiva revelação de que tudo é mera imagem e representação sem essência (há um forte núcleo

175

pirandelliano em Genet). Diz muito bem um intérprete de Genet que a realidade, para ele, se compara à famosa cebola mediante a qual Ibsen caracterizou sua personagem Peer Gynt: tirando-se casca por casca, não se chega no fim a caroço nenhum, mas a nada; há só cascas cobrindo o vazio. O bordel, a casa de ilusões de *O Balcão*, é o símbolo mais expressivo desse vazio em que se trava uma desesperada busca de realidade e substância, sem êxito nenhum, porém. Essa visão niilista é ainda reforçada pela circularidade da peça que promete um eterno retorno das mesmas situações. A revolução, que deveria destruir a sociedade ilusionista, é desmascarada por sua vez como ilusão que criará, no máximo, uma nova sociedade cheia de ilusões.

Entretanto, o propósito desta nota não é a interpretação de Genet e sim da encenação de Garcia. Para esse fim basta o que foi dito. A sensação que peças como *As Criadas* e *O Balcão* deverão transmitir é a vertigem do nada. Isso foi expresso de modo magistral por George E. Wellworth (em *The Theater of Protest and Paradox*), que parte da conhecida obra de Sartre. Este comparou a visão do mundo de Genet com um pião que gira com grande rapidez, perturbando e anulando o raciocínio. Wellworth, procurando caracterizar a obra de Genet, fala de "uma espiral minguante (ou afunilada) que, retorcendo-se em movimento concêntrico, desce para o nada" ("Genet's vision of the world is a diminishing spiral twisting concentrically down to nothingness").

Garcia, com efeito, traduziu essa concepção em termos visuais, transformando o teatro em um funil e montando nele a espiral mencionada, que, aliás, desce para o fundo dentro da espiral das rampas pelas quais se movimentam e onde tomam assento os espectadores "envolvidos" pela visão do mundo de Genet. A vertigem simbólica provocada pelo rodopiar do pião, característico da dramaturgia genetiana, é transposta para o plano físico mercê da colocação do espectador no próprio funil. A

176

verticalidade da construção arquitetônica, apoiando a rotação vertiginosa do carrossel dialético do texto, suscita vertigens em que deixou de ser espectador para tornar-se vítima, colocado, suspenso, à margem de um abismo. O estado mórbido da vertigem, em que todos os objetos parecem girar em torno de nós, é reforçado pela aparente fragilidade da estrutura. Rede trançada de metal, sem a solidez das coisas maciças, feita por assim dizer de vazios, vibrando e oscilando no decurso do espetáculo, ela predispõe os presentes para pavores infantis de quedas oníricas. O aspecto circense da encenação, com os atores flutuando no espaço, aumenta a sensação de angústia e pesadelo. A grande plataforma de acrílico, transparente e atravessada por faixas de luz, contribui para intensificar a impressão de irrealidade, a ilusão de que a própria solidez do chão debaixo dos pés é apenas ilusão.

Não é preciso entrar nos pormenores dos figurinos, da iluminação e da movimentação dos atores, esses "hieróglifos animados", nem realçar a liturgia sonora da música tibetana para verificar que Garcia criou uma obra-prima de encenação, traduzindo as intenções profundas de Genet para o plano teatral, em termos audio-visuais e "vivenciais" de excepcional eficácia. Tudo concorre para o mesmo fim: suscitar um estado de delírio e vertigem não apenas em dimensão simbólica, através do apelo ao nosso intelecto, à nossa imaginação e à nossa sensibilidade, mas atingindo-nos vitalmente, por assim dizer, na pele e no centro nervoso o mesmo no estômago e nos intestinos; e isso a tal ponto que precisamente o intelecto é entorpecido e o raciocínio paralisado, em favor da libertação dos planos psíquicos irracionais.

Victor Garcia obteve com sua encenação um resultado extraordinário, de grande beleza e de validade indiscutível. A audácia e o desprendimento de Ruth Escobar devem ser exaltados. Em termos puramente teatrais, o crítico não pode deixar de manifestar seu entusiasmo. Não pode concordar com restrições que se façam ao es-

177

petáculo à base da visão do mundo de Genet, por mais que possa discordar dela. O teatro deve permanecer um lugar onde ao espectador adulto é dado viver e experimentar, imaginariamente, outras condições, outras situações, outras e mesmo contrárias concepções e idéias que as suas, de modo que possa sair de si para voltar, enriquecido, a si mesmo.

Entretanto, o teatro é uma instituição que faz parte do todo do contexto cultural. A partir dessa visão mais ampla, a encenação de Garcia produz certo desconforto em quem julga extremamente dúbias – mas nem por isso menos dignas de manifestação – as tendências irracionalistas que atualmente se alastram pelo mundo, também no campo cênico. Antonin Artaud merece ser respeitado como um dos grandes teóricos do teatro moderno, como um dos grandes inspiradores da cena contemporânea. Mas seu anarquismo foi refutado pela história, sua teosofia gnóstica e sua denúncia da razão, se unilaterais, só podem prejudicar o teatro. O teatro é também e sobretudo um lugar de lucidez, de crítica racional, de discussão intelectual de valores – fato que, evidentemente, não nega, antes exige, a intensa participação emocional. É digno de nota que um diretor como Peter Brook, que tanto deve a Artaud, ultimamente (no seu livro *The Empty Space*) lhe critica a exaltação das "forças inconscientes", indagando se não haveria um "odor fascista no culto do irracional".

5. O ANO TEATRAL DE 1970

O ano de 1970 não foi muito feliz para o teatro de São Paulo. Em comparação com os anos anteriores, houve poucas revelações de autores e estas não foram particularmente impressionantes. Poucas encenações – entre as cerca de cinqüenta que São Paulo suportou, numa verdadeira enxurrada – se impuseram como brilhantes ou de alto nível. A quantidade superou de longe a qualidade, em parte, talvez, devido a uma política demasiado condescendente da Comissão Estadual de Teatro, que desejava estimular grupos jovens e favorecer as experiências de gente nova. Nesse ponto adotou, talvez, uma política criticável, o que, todavia, de modo algum justifica as maldosas agressões dirigidas contra ela.

O comparecimento parco do público, na média das encenações, deve-se boa parte ao grande número de es-

179

petáculos fracos, conquanto houvesse também casos em que não foi a cena e sim o público que fracassou. Como exemplo cito um espetáculo "brechtiano" vivo, interessante e inteligente como *Tom Paine* (Paulo Foster), dirigido por Ademar Guerra e apoiado em excelentes desempenhos. Mas a sala do Teatro Vereda ficou às moscas.

Não tem muito sentido falar em crise de teatro, em termos abstratos. Os candidatos à profissão de carpideira emitem, como de costume, seus uivos histéricos, dramatizando ritualmente – uma vez que o ritual virou moda teatral – as naturais flutuações do mercado, como se o teatro já tivesse baixado, em definitivo, a sepultura.

Contudo, é fora de dúvida que o público teatral está crescendo, embora não tanto quanto o número de espetáculos. E certamente haveria público bem maior se fosse possível manter os preços mais acessíveis, se os empresários pensassem numa publicidade mais intensa e mais inventiva, se houvesse maior concentração de teatros num só lugar (teatrolândia) e, de outro lado, maior número de companhias freqüentando os bairros, se se desse ao público melhor condução de ônibus ou mesmo de táxis, se se diversificassem as encenações (vanguardistas, engajadas, históricas, clássicas, comédias, tragédias, comerciais, entretenimento fácil) e se, ao fim, se tentasse criar uma organização que reunisse o vasto potencial de espectadores, sobretudo das classes menos remediadas, proporcionando-lhes mensalmente um ou dois espetáculos a preços módicos.

Os céticos dirão que é muito subjuntivo, é muito condicional, é muito "se-se-se". Mas o que distingue o ente humano do símio é precisamente o subjuntivo, isto é, a dimensão imaginativa e a capacidade de desatar-se da realidade imediata. É ao afastamento da realidade, graças ao "se", que o homem dava as suas maiores realizações.

Que existe um grande potencial mobilizável de público, mormente de jovens e estudantes, foi confirmado

180

por pesquisas (Ibope, 1968). Embora a televisão leve, na *realidade*, enorme vantagem, no que se refere à assistência, sobre o cinema e o teatro, isso decorre em ampla medida do fácil acesso, não do interesse maior. Perguntados sobre que passatempo os diverte mais, os estudantes da amostra preferiram o teatro (8%) à televisão (6%) e ao cinema (6%) (festas e reuniões, 26%; prática de esportes, 22% etc.). É surpreendente verificar que apenas 4% dos estudantes escolheriam a televisão se pudessem optar, ao passo que 13% escolheriam o teatro, 22%, os livros, 7%, o cinema etc. Se você pudesse escolher entre um bom programa de televisão, um bom filme e uma boa peça, a que preferiria assistir em primeiro lugar? No total, 43% iriam preferir a televisão, 30%, o cinema e 27%, o teatro. No entanto, entre o grupo de 18 a 24 anos, 24% prefeririam a televisão, 44%, o cinema e 32%, o teatro. Entre os estudantes, 11% se decidiriam pela televisão, 37%, pelo cinema e 52%, pelo teatro (!!).

O resultado mostra, mesmo aos céticos pouco crentes em tais pesquisas, que há interesse pelo teatro e que a crise é apenas circunstancial, podendo ser superada, visto não decorrer do entupimento desse "canal", para usar o jargão dos encanadores da teoria de comunicação. O canal é bom; falta apenas canalizar o vasto público virtual na direção certa, transformando os subjuntivos enumerados em modo indicativo.

É com leve arrepio que pusemos no papel o termo "comunicação". A comunicação é de fato um problema, sobretudo desde as criações de Ionesco e desde a criação das faculdades de comunicação.

Quanto a Ionesco, esteve pessoalmente entre nós, acompanhando a companhia de Jacques Mauclair que apresentou várias peças do novo acadêmico (entre outras, *As Cadeiras*). Mas as encenações da companhia francesa não convenceram muito. Ela apresentou espetáculos pouco inventivos, rotineiros e acadêmico, provavelmente para render homenagem ao novo acadêmico. O tema do vazio existencial acabou enchendo. Comparativamente afigurava-se mais viva e "comunicativa" a encenação brasileira de *A Cantora Careca*, no Teatro Oficina, sob a direção de Antônio Abujamra.

Do mesmo programa fazia parte a peça *Onde Não Houver Inimigo, Urge Criar Um*, de João Bethencourt (direção de José Renato). As duas personagens, o carrasco e a vítima (temática muito querida de Dürrenmatt, também explorada por Hilda Hilst), se defrontam numa ação cheia de humor negro que José Renato transformou em cenas de extrema violência, apoiado no empenho e desempenho selvagem de Ivan Setta, ator notável. A tese do autor de que o torturador é mais desesperado que o torturado, apesar de lhe poder ser atribuída certa veracidade, é extremamente dúbia. Diante disso entende-se a encenação de José Renato, apesar de deformadora das intenções do autor.

Mais ou menos ao mesmo âmbito do teatro do absurdo, da solidão e da não-comunicação pertencem também algumas das peças de novos autores. Mais de perto absurda é *Um Dois Três de Oliveira Quatro*, de Lafayette Galvão, peça assaz kafkiana com que foi inaugurada a miúda sala do Areninha. Mostra o pobre zé-da-silva que veio do interior e que é engolido pela engrenagem absurda da metrópole demoníaca; mostra, além disso, um autor de talento, embora ainda longe da plena realização; mas que, em todo caso, deu a Celso Nunes, como diretor, e a Chico Martins e Luís Carlos Arutin, como atores, ocasião para mostrarem o que podem e sabem. Mais realista e menos absurda é a peça *Seu Tipo Inesquecível*, de Eloy de Araújo (Teatro Itália; boa direção e boa cenografia de Fauzi Arap e Sarah Feres), drama das já clássicas duas personagens alienadas pelo ambiente hostil, tal como surgiu com Albee e, entre nós, com Plínio Marcos. Muito bom o desempenho de Odete Lara. Boas *possibilidades* mostrou também Timochenko Wahbi, com *A Vinda do Messias* (direção de Emílio de

Biasi), drama, mais uma vez, de uma solteirona solitária, sem comunicação na impiedosa metrópole, forçada a construir-se um mundo fictício à base dos veículos de comunicação de massa. Bons elementos de sátira e magistral desempenho de Berta Zemel.

Entre os autores pela primeira vez apresentados – pelo menos em São Paulo – contam-se ainda Carlos Alberto Soffredini, com *Cristo Nu*, espécie de jogo parabólico em torno do tema da opressão, numa encenação mais visual do que auditiva do diretor Cláudio Luchesi; Ariovaldo Mattos, autor baiano, com *O Desembestado*, direção de Orlando Senna e desempenhos honestos de Perry Salles, Clara Lee, Fernando Lona e outros; Mário Alberto Prata, com *Cordão Umbilical*, peça com um primeiro ato bastante feliz, com diálogo fluente, cheio de bons achados, devendo-se destacar a feliz caracterização de Cacilda Lanuza e a boa, um pouco pretensiosa, direção de José Rubens Siqueira.

Nenhum dos autores estreantes mencionados conseguiu alcançar o nível da fornada anterior – José Vicente de Paula, Antônio Bivar, Leilah Assunção e Consuelo de Castro. Mas é preciso reconhecer que nem tampouco Leilah Assunção e José Vicente igualaram, com suas segundas peças, apresentadas no ano passado, as primeiras, estreadas em 1969. *Os Convalescentes*, de José Vicente, está longe de poder comparar-se a *O Assalto*. Embora bem encenada por Gildo Grillo e apoiada no excelente desempenho de Norma Bengell, a peça – chamada por Yan Michalski com justeza a "mais desesperada da literatura brasileira dos últimos tempos" – não passa, contudo, do desabafo lírico de um jovem na fossa e acaba aborrecendo com seus tremendos bifes – depoimentos que freqüentemente beiram a subliteratura. Trata-se de uma explosão, apesar de tudo talentosa, mas que produziu apenas fumaça e luz nenhuma.

Já Leilah Assunção foi mais feliz com *Jorginho, o Machão*, sua segunda peça (Teatro Paiol; boa direção de

Clóvis Bueno), aguda sátira à classe média, com personagens bem retratadas pela autora e bem caracterizadas sobretudo por Cláudio Corrêa e Castro, Pedro Paulo Rangel e Maria Isabel de Lizandra. A peça mostra mais uma vez a garra de Leilah, mas não atinge a excelência da anterior, *Fala Baixo*.

Voltando à comunicação, verifica-se que esta não estava presente apenas tematicamente, como demonstra boa parte das peças acima mencionadas, mas também como problema de direção e estrutura de encenação, como se verá em seguida.

Muitos diretores, seguindo uma linha Artaud-José Celso, linha moderna, moderninha ou modernosa, conforme o talento e a capacidade de imitação simiesca ou criativa, chegaram à conclusão de que o futuro do teatro depende de uma nova comunicação entre palco e platéia, ainda que seja cuspindo na cara do freguês. Nesse ponto, Aristófanes conseguiu antecipar-se a José Celso, ao agredir os atenienses. Os diretores *up to date*, tendo de lutar contra a concorrência da televisão, rádio, cinema e discos, lembraram-se do fenômeno básico do teatro: a relação não-mediada, viva, existencial, entre palco e platéia e, daí decorrente, lembraram-se do fato de o público, no teatro, não ser apenas objeto passivo de mensagens despejadas pelos canais, manipulado de cima", pelo "suave terror" dos veículos de comunicação de massas, mas é, bem ao contrário, co-participante crítico, ativo. O teatro é o lugar ontológico, com perdão da palavra, onde o freguês pode cuspir de volta, o que, em teoria de comunicação, se chama *feedback*, também "realimentação" ou "retorno imediato". O espectador é, literalmente, não apenas receptor e sim também emissor e fonte.

Semelhante concepção implica a plena liberdade do diretor em face do texto, já que cabe ao encenador recriar a peça em função da comunicação atual e vigorosa com seu público, que deve ser cutucado não apenas emocional, intelectual e imaginativamente e sim também fisicamente: na epiderme, no sistema nervoso, e glandular, no estômago e nos intestinos.

Nesse sentido foram recriados, com plena liberdade, *Don Juan*, de Molière (Fernando Peixoto), *Macbeth* (Shakespeare-Fauzi Arap), *Pena que Ela Seja uma Perdida*, de John Ford-Roberto Vignati, *Beijo no Asfalto*, de Nelson Rodrigues (Antônio Pedro) e *Álbum de Família* (Jaime Barcellos). A menos feliz dessas recriações parece ter sido a da peça de John Ford, "obra-prima estraçalhada segundo a expressão de Sábato Magaldi, embora a intenção de parodiar o tema superado do incesto talvez seja válida. Também Fauzi Arap, diretor brilhante, não foi muito feliz na "modernização" de *Macbeth*. Yan Michalski recriminou-lhe os "efeitos periféricos", os "achados avulsos", a "submissão aos modismos" e os gritinhos de Lady Macbeth (Tônia Carrero) à maneira de Gal Costa. Nem Paulo Autran conseguiu dar maior significado ao espetáculo. Melhor saiu-se Fernando Peixoto na bonita e viva adaptação de *Don Juan*, embora não conseguisse imprimir à sua encenação uma linha suficientemente pensada. Excelentes os desempenhos de Gianfrancesco Guarnieri e Antônio Pedro. O mesmo se pode dizer da encenação de *Beijo no Asfalto*. Antônio Pedro, contando com interpretações marcantes de Cláudia Mello, Ivan Setta, Abrão Farc, Jessy Callado e outros, conseguiu ao mesmo tempo satirizar o mofo e transmitir a dramaticidade da peça de Nelson Rodrigues. Ivan Setta, como Arandir, veio a ser o ator mais repugnante (também de maior violência e engajamento físico) do ano, distribuindo, na passarela, espuma e perdigotos para todos os lados. Ressalte-se, aliás, que Ivan Setta parece ter sido entre nós o pioneiro que inaugurou a grande era da baba. Baba farta e bem viscosa, acompanhada de ritual e incenso, representam atualmente a marca do espetáculo *dernier cri*, depois de a solene paramentação ter sido substituída pelo contrário, isto é, o *strip-tease*, aliás, excepcional no caso de Cláudia Mello, em *Beijo no Asfal-*

to. Interessante foi também, sem dúvida, a encenação expressionista de *Álbum de Família*, de Jaime Barcellos.

Novos caminhos, no terreno da comunicação, procuraram abrir também, através de recursos "pluriveiculares" (*mixed media*), o grupo Sonda, com *Rito do Amor Selvagem*, e os promotores de *Plug*. Enquanto José Agrippino de Paula e Maria Esther Stockler obtiveram com sua experiência de Arte-Soma boa repercussão, aliás em ampla medida justificada, Damiano Cozzella, Décio Pignatari e Rogério Duprat não foram igualmente felizes com *A Coisa*. No entanto, havia bons momentos nessa "fusão de veículos", nesse coquetel de canais. Faltava, no entanto, melhor organização e mais seriedade, necessárias mesmo quando se visa à gozação e ao deboche. Em ambos os espetáculos acentuava-se a perigosa tendência moderninha ao irracionalismo e à anulação da palavra, tal como se deu também no pretensioso e fracassado espetáculo do TUCA, *O Terceiro Demônio* e no, ao menos interessante exercício dos Lobos cuja mudez – interrompida por sons desarticulados e acompanhada de ampla segregação de baba – provocou o aplauso dos presentes gurus do Living Theatre. Os espetáculos mencionados antecipam, sem dúvida, a vida tribal na aldeia global de Marshall McLuhan, depois de a humanidade ter se emancipado, em definitivo, do livro e da palavra.

Entre os espetáculos que pelo menos merecem menção, encontram-se *O Estranho* de Edgar da Rocha Miranda, mercê do excelente trabalho de Raul Cortez e Paulo César Pereio; *A Relação* (Jean-Claude Carrière), pela elegância do espetáculo, a cenografia feliz de Sarah Feres e o bom desempenho de Lílian Lemmertz e Jairo Arco e Flexa; *Medéia* (Eurípides), pela interpretação excepcional de Cleyde Yáconis; *Brasil & Cia.*, pela personalidade de Paulo Autran e pelo *esprit* dos textos; *O Exercício*, pelo grande desempenho de Glauce Rocha; *O Preço*, pela importância do autor, Arthur Miller, e pela direção segura de Luís de Lima; *Marta de Tal* (Graça Mello), pela boa direção de José Rubens Siqueira e pelas interpretações que fizeram render um texto um tanto fraco; *Frank Sinatra 4815* (João Bethencourt), pela excelente carpintaria dessa comédia leve (por mais que o autor a considerasse "filosófica"; é mais difícil escrever uma boa comédia leve que uma ruim peça filosófica); *Os Olhos Vazados*, pelo forte desempenho de Lélia Abramo; *O Escorpião de Numância*, pelo bom texto de Renata Pallotini, que infelizmente não teve uma encenação à altura; *Os Rapazes da Banda*, pelo valor comercial que de modo algum deve ser desprezado.

Ainda no âmbito da comunicação – no caso o problema da engrenagem corruptora dos *mass media* – localiza-se *A Longa Noite de Cristal*, de Oduvaldo Vianna Filho. Peça inteligente, boa encenação de Celso Nunes – apesar dos protestos do autor que se sentiu violentado – e boa interpretação de Fernando Torres. Jandira Martini merece destaque especial.

De dois espetáculos baseados em temas e textos populares – *Os Mistérios do Amor*, de Eduardo Borsati, e *Evangelho segundo Zebedeu*, de Cesar Vieira – somente o segundo, montado num circo e encenado por Silnei Siqueira, teve méritos e bastante afluência de público.

O Teatro de Arena (o Areninha) apresentou *O Bravo Soldado Schveik* na adaptação e encenação de Antônio Pedro. O espetáculo, embora de nível satisfatório, não convenceu, e Hélio Ary, conquanto um tipo interessante e bom ator, não conseguiu transmitir plenamente a dimensão e a esperteza popular do anti-herói tcheco. Bem mais importante se afigura a encenação de Augusto Boal de *A Resistível Ascensão de Arturo VI* (Brecht), um dos mais lúcidos espetáculos do ano, embora não conseguisse obter rendimento total no exíguo espaço do Arena. Magnífico o desempenho de Gianfrancesco Guarnieri, boas as interpretações de Antônio Pedro e Luís Carlos Arutin, assim como a cenografia de Marcos Wainstock.

Importante ainda o *Teatro-Jornal* apresentado no Areninha, como experimento do teatro aplicado.

O espetáculo mais perfeito do ano, vindo do Rio, foi sem dúvida *O Arquiteto e o Imperador da Assíria*, de Arrabal, na extraordinária encenação de Ivan de Albuquerque, com os desempenhos empolgantes de Rubens Correia e José Wilker. Uma das melhores encenações já vistas em palcos brasileiros à base de um texto complexo, de grande beleza e força. Ainda assim, tendemos a considerar *mais importante*, embora não tão perfeita, a encenação de *O Interrogatório* (Peter Weiss), dirigida por Celso Nunes. A opção, no caso, decorre talvez em parte de razões extra-estéticas e extrateatrais, embora a importância temática, evidentemente, não possa ser separada dos fatores estético-teatrais. A decisão, em casos como esses, depende em última análise do momento histórico e da função que o crítico atribui ao teatro.

6. OSMAN LINS E O TEATRO ATUAL*

Osman Lins é, entre os escritores brasileiros, sem dúvida um dos mais conscientes do seu ofício, como arte e profissão, como problema estético e moral. Mestre de muitos gêneros, revelou-se por ora de modo mais expressivo no campo da ficção narrativa. O volume de narrações *Nove, Novena*, satisfazendo e ultrapassando as expectativas suscitadas por romances anteriores, certamente se conta entre os melhores lançamentos da década de 1960[1]. Como ensaísta combativo distinguiu-se sobretudo com *Guerra sem Testemunhas*, análise da profissão e condição do escritor e do seu veículo, o livro[2]. Que sua

---

* Artigo publicado no Suplemento Literário, *O Estado de S. Paulo*, em 14 de março de 1970.

1. *Nove, Novena*, São Paulo, Livraria Martins Editora, 1966.

2. *Guerra sem Testemunhas*, São Paulo, 1969.

189

dramaturgia, apesar dos prêmios conquistados também nesse campo, ainda não tenha conseguido impor-se, talvez se ligue à visão de narrador que tem do ofício de escritor. Isso certamente explica sua atitude cética em face da arte teatral, no fundo não reconhecida por ele como arte específica, mas apenas como veículo do texto dramático. Nesse ponto, entretanto, mostra certas afinidades com um dramaturgo nato como Nelson Rodrigues, violento adversário dos "diretores inteligentes" por terem idéias pessoais, usando o texto como uma espécie de trampolim para dar impulso aos vôos da própria imaginação.

É num dos capítulos de *Guerra sem Testemunhas* – testemunho altíssimo de um escritor acerca da dignidade e honra da sua profissão – que Osman Lins formula suas concepções sobre a relação do escritor com o teatro. Esta parte é interessante e atual por várias razões. Não cabe, neste nexo, analisar mais fundo as observações que o. autor dirige contra a Comissão Estadual de Teatro do Estado de São Paulo, já que desde então, em parte talvez graças a essa mesma polêmica, a CET adotou uma política de acentuado apoio à dramaturgia nacional, estimulando com a metade das subvenções a encenação de peças brasileiras. Entre as objeções sobressai também a de que a CET protegeria o capital dos empresários, em vez de apoiar os dramaturgos, muito mais importantes e necessitados. É evidente que a Comissão auxilia os dramaturgos na medida em que incentiva os empresários e companhias teatrais (para não falar dos prêmios com que se distinguem textos dramáticos). Sem uma vida teatral cada vez mais intensa e rica, a dramaturgia nacional ficaria confinada ao livro (no caso um verdadeiro confinamento, por mais honroso que seja) e condenada a uma lenta agonia.

Boa parte dos argumentos de Osman Lins contra a política da CET decorre, como já foi sugerido, da perspectiva unilateral de quem nega ao teatro autonomia criativa. Ao escritor, mais de perto ao narrador, enquanto dedicado à literatura e, portanto, à palavra, a cena inspira desconfiança por destituir a palavra do seu papel primordial e exclusivo. Assim, Osman Lins imagina um tipo de montagem teatral que recusaria "qualquer meio que, obliterando o significado das palavras, desse primazia ao jogo cênico".

Tal posição afigura-se antiquada e superada, principalmente no momento atual. Precisamente agora, sob a influência de tendências que já se anunciam desde o início do século, o texto literário é marginalizado em favor de elementos não-literários, visuais e auditivos, cuja livre manipulação coloca o diretor no centro da arte teatral. Característica para a liberdade do "diretor inteligente" é a encenação humorística de *O Beijo no Asfalto*, em que o jovem encenador Antônio Pedro criou, até certo ponto, um espetáculo contra o autor Nelson Rodrigues, parodiando-lhe certos elementos dramalhonescos e superados de teor subliterário, satirizando-lhe certas manias e obsessões provenientes de uma formação saudosista e patriarcal, sem que deixasse de realçar e fazer render a enorme força dramática e o magistral diálogo da peça, numa encenação tragicômica de grande inteligência. Trata-se de legítimo "metateatro" que focaliza criticamente a própria linguagem do teatro.

Alguns espetáculos muito bem-sucedidos de José Celso seguem essa linha de "teatro desenfreado", levada a extremos na encenação de *Os Monstros*, de Jerome Savary. Este, no entanto, não viu coroada de êxito a tentativa de, à maneira de Grotowski, confrontar o mundo das lendas (no caso nacionais) com situações modernas, fazendo o *logos* examinar o mito. Tampouco conseguiu fundir atores e espectadores pela osmose espacial. Foi principalmente o retumbante êxito das encenações de Victor Garcia (*O Cemitério dos Automóveis, O Balcão*) que confirmou no Brasil a primazia do diretor, na fase atual. Este último encenador usou os textos de Arrabal e Genet como meios para, a partir deles, desenvolver livremente suas visões cênicas, em realizações de excepcional vigor e beleza. E deve-se reconhecer que as duas encenações, por mais que tenham obliterado os textos, dificultando-lhes a comunicação ao nível intelectual, lógico-discursivo, correspondem às intenções mais profundas das peças e lhes transmitem o significado através de signos outros que os verbais.

Talvez se releve, ante a extraordinária encenação de *O Balcão*, a autocitação extraída de um trabalho sobre o fenômeno teatral, aparecido há oito anos neste Suplemento, numa fase em que ainda parecia necessário defender o "teatro teatral" contra o teatro demasiado literário:

> O palco literário, por mais realce que mereça em determinada fase de determinado teatro (nacional), é apenas uma das possibilidades, um dos setores do teatro, mesmo declamado. Um grande teatro como o barroco, talvez o mais espiritual e, ao mesmo tempo, o mais sensível que jamais existiu, dava em certas das suas manifestações tão pouco valor à palavra que esta, sendo latina, nem sequer era entendida pela maioria do público. Os textos usados muitas vezes eram apenas pré-textos para a arte dos engenheiros, maquinistas, pintores, músicos, diretores e atores que se uniam para assaltar todos os sentidos de um público a quem, simultaneamente, se apresentava a mais espiritual das lições: o engano, a fugacidade, a frustração do sensível em face do supra-sensível e eterno. O teatro do mundo no mundo do teatro[3].

O texto citado pode ser lido, palavra por palavra, como um comentário à encenação da peça de Genet, excetuando-se, naturalmente, a afirmação positiva do eterno face ao engano e à ilusão da mascarada do mundo secular (representado pelo bordel de Irma, dona dessa "casa de ilusões").

A defesa do "teatro total", naquela fase, procurava demonstrar, através de uma argumentação ontológica,

---

3. Artigo publicado no Suplemento Literário de *O Estado de S. Paulo*, nº 272, de 10 de março de 1962. Ver também *Texto/Contexto I*, São Paulo, Perspectiva.

que o teatro é uma arte autônoma que usa o texto apenas como um dos seus elementos, como se fosse um bloco de pedra a ser enformado pelo escultor-encenador. Se o elemento fundante na literatura é a dimensão auditiva das palavras, no teatro é fundante a comunicação visual: atores em movimento, além dos cenários. Na literatura, as palavras são a fonte das personagens, no teatro as personagens (representadas por atores) são a fonte das palavras, os diálogos constituindo apenas parte do seu comportamento. Daí decorre uma série de conseqüências, analisadas naquele trabalho, que modificam radicalmente o *status* e a função da palavra no teatro, em comparação à literatura.

Tal posição, que de modo algum nega a importância do texto, afigura-se ainda hoje plenamente justificada. Ela simplesmente decorre da análise do fenômeno teatral. Todavia, o radicalismo do teatro atual, ultrapassando de longe aquela posição moderada, põe repentinamente em realce a posição contrária de Osman Lins que defende um palco antiteatral, puritanamente literário.

A ojeriza de Osman Lins que, no entanto, escreveu peças premiadas, já se inicia com o diálogo como veículo expressivo. Contudo, não há forma literária mais imediata e adequada para comunicar o conflito de personagens e revelar a colisão de valores fundamentais. A atitude do narrador entranhado se manifesta claramente quando Osman Lins confessa não ficar satisfeito em enunciar simplesmente (nas rubricas) o fato de o dia estar nascendo, em vez de dar uma visão meticulosa de como o dia amanhece. Essa tarefa caberia no teatro atual naturalmente ao diretor. Mas o narrador nato, que é Osman Lins, de modo algum quer ceder esse trabalho a outrem. "Sendo o texto, em teatro, criação parcial, dependente de outros para completar-se, refoge a certas coordenadas em minha maneira de ser, como a aversão aos meios-termos, a deixar inconcluso o ato." Esse pensamento é contrário à atitude do verdadeiro *playwright*. Para este o

193

gênero dramático, embora literário, é precisamente aquele que não se satisfaz em ser literatura e que vê sua honra em servir de substrato a uma outra arte, ao *play*.

O argumento fundamental de Osman Lins contra o teatro é o de que ofício do escritor é transmutar a realidade em verbo. O teatro, porém, retraduziria o verbo em realidade, vida e carne, precisamente pela "encarnação". Tratar-se-ia, pois, de uma volta ao início, "retorno àquela realidade que, captada pelo escritor, foi elaborada como literatura". Nisso, no entanto, há uma visão falha do teatro: este não é "realização" ou "encarnação" em qualquer sentido literal. A representação teatral é tão simbólica como a verbal, embora os signos teatrais sejam em parte outros que os literários. Não há nenhuma volta à realidade, apenas a fusão dos signos verbais – agora vitalizados pela mobilização das virtualidades sonoras – com outros signos, os cênicos, de ordem icônica.

A idéia de Osman Lins é a de um teatro sem interpretação ou com uma "interpretação branca" que deveria aproximar-se da "neutralidade da página". Essa concepção afigura-se superbrechtiana, a ponto de se tornar antibrechtiana, visto que Brecht vivia seus textos em termos cênicos. O ator, para Osman Lins, não teria de chamar a si o encargo das paixões. "Jamais procuraria encarnar-se em personagens, acaso as houvesse. Nenhuma convicção interpretativa." Portanto, não a interpretação e sim a demonstração de um texto. Essas teses parecem pouco atuais, mas contêm um núcleo de idéias interessantes. Visando ao "término do ciclo da interpretação", Osman Lins procura radicalizar a modernização do teatro em termos correspondentes às outras artes. "Cézanne, Joyce, Kafka, Schonberg, Calder, concebem mundos insólitos, subvertem o estabelecido, abrem espaço para futuras conquistas. Enquanto isso Lawrence Olivier insiste em olhar de viés quando procura sugerir perfídia; e as empregadinhas, sempre de avental, continuam a juntar as pontas dos pés, para fingir simplicidade." A presença do intérprete, "como encarnação da personagem, é um entrave, um elemento arcaizante, no mais revolucionário dos textos". Entretanto, o ideal da neutralidade da página é cenicamente impossível, na medida em que surge o mediador humano, mesmo como mero "porta-voz" de fala branca. A voz e o corpo serão seus, singulares, "desfigurando" a objetividade tipográfica pelo toque subjetivo e determinando uma leitura pessoal entre milhões possíveis.

Todavia, muitas observações de Osman Lins são dignas de reflexão. Como por exemplo representar no teatro de interpretação tradicional o *décentremen* (Jacques Lacan) do sujeito ou aquilo que Lucien Goldmann, com relação a Nathalie Sarraute e Alain Robbe-Grillet, chamou a "unidade estrutural personalidade-objeto"? Como representar essa "perda de personalidade", essa coisificação? Kafka, Camus e o *nouveau roman* encontraram para esses fenômenos a exata correspondência litero-narrativa, para não falar do cinema que, graças às virtualidades da imagem, é particularmente favorecido na representação do mundo objectual, anônimo, impessoal. O teatro enfrentou esse problema de várias maneiras, tanto na linha que vai de Jarry ao teatro do absurdo como naquela que, vindo do naturalismo e expressionismo, resultou nas encenações de Piscator e no teatro épico de Brecht. Transformou-se radicalmente a concepção da personagem (despsicologização, fragmentação, marionetização etc.), o diálogo (esvaziamento, clichê etc.) e a relação entre ator e personagem (pense-se em Brecht, no sistema curinga de Augusto Boal ou em experiências semelhantes do Living Theatre). A solução certamente não será o "término do ciclo de interpretação", mas novos tipos de interpretação, às vezes mutuamente contrários, tais como ensaiados desde Meyerhold e Brecht até Grotowski, o Living Theatre e José Celso. Mencione-se, neste nexo, também o interessante experimento de Agrippino de Paula, em *Rito do Amor Selvagem*, em que a "unidade estrutural personalidade-objeto" é fortemente

195

acentuada, num contexto, porém, que dificilmente pode ser chamado teatro.

Em essência, todavia, o teatro, enquanto teatro, não pode imitar as experiências mais avançadas das outras artes. Por mais radicais que tenham sido suas inovações, não pode deixar de ser "figurativo"; não pode dispensar o homem, nem pode deixar de conceder ao ator no espetáculo, depois de o diretor ter exercido seu reino, o lugar central para projetar e interpretar o mundo. O teatro é "humanista" até a medula. A mediação no teatro se faz, em essência, através do homem, ao passo que as outras artes se comunicam através de formas, imagens, cores, palavras, sons, podendo, por isso mesmo, dispensar o homem ou atribuir-lhe um lugar marginal.

Seja como for, a visão radicalmente literária do teatro, tal como concebida por Osman Lins, por mais antiquada que possa parecer, tem precisamente agora um valor local excepcional. Hoje talvez seja necessário pedir ao teatro, depois de se ter emancipado da literatura e afirmado sua autonomia, que volte a respeitar a palavra. É claro que o teatro não pode concordar com Osman Lins. Mas é oportuno tomar conhecimento das opiniões de um autor que sabe honrar o dom mais precioso do homem. Atualmente, o teatro já não só marginaliza ou sufoca a palavra, mas tende a caricaturá-la e degradá-la. Isso ocorre em algumas manifestações vagamente teatrais, "pluriveiculares", que combinam *show*, balé, circo, canto e música instrumental, gravações de várias espécies, cinema, projeção de *slides*, fotoaudionovelas, diálogo, pantomima, *happening*, boate etc. Merecem destaque, nesse sentido, as realizações *Plug* e *Rito do Amor Selvagem*, ambas apresentando experimentos avançados de grande interesse, com proposições em parte fascinantes e elaboradas com muita inteligência. Nessas, como nas encenações antes mencionadas (as quais, porém, ainda não chegam a decompor insistentemente a palavra), é forte a influência do dadaísmo e surrealismo, de

196

Artaud e do teatro do absurdo. Daí, sem dúvida, a tendência de desarticular e mutilar a palavra, afogando-a em ruídos ou vozerios caóticos, esvaziando-a pela repetição monótona de frases sem sentido ou então fazendo regredi-la, grostescamente, ao grito, berro, uivo, urro, relincho. A agressão, nesse caso, não vai contra certo tipo de linguagem – fenômeno normal em toda revolução literária – mas contra a língua como tal. Concomitantemente, a enorme ampliação acústica da música vocal e instrumental, por meios técnicos, assassinando os ouvidos, torna a mensagem realmente massagem e tende a obliterar a consciência e o raciocínio. Nota-se, na destruição do *logos* da palavra, a presença de Marshall McLuhan, o arauto do "mito" da época eletrônica que trocou a pose de vidente, características de Spengler, por aquela do "palhaço filosófico" (segundo a expressão do poeta vanguardista Helmut Heissenbuttel) e para quem está chegando ao fim a época da lógica linear-discursiva do sistema verbal.

Preocupa em tudo isso o saudosismo arcaizante de intelectuais sofisticados, nutridos, em parte, com o lixo da filosofia irracionalista do início do século XX, hoje de novo em moda em versões restauradas e retocadas. Basta mencionar as aberrações tresloucadas de Jean-Jacques Lebel no seu livro sobre o *happening*, aparentemente escrito em adiantado estado de desvario alucinatório. Trata-se nesses casos de um retorno artificial a um primitivismo tão requintado quanto inautêntico. Todos conhecem e respeitam Dioniso, o velho deus Dioniso com o tirso, a cujo culto se costuma atribuir a origem do teatro ocidental. Os "rituais" celebrados para exaltar o novo Dioniso, o Dioniso eletrônico, que trocou o tirso pelo computador, poderiam muito bem inspirar profecias sinistras acerca do fim do teatro ocidental se não prevalecesse a certeza de se tratar de um movimento passageiro. De qualquer modo convém neutralizá-lo com uma boa vacina de fé na razão.

7. ASPECTOS DO TEATRO CONTEMPORÂNEO*

O teatro contemporâneo, incluindo certas tendências de "reação" que visam "voltar às origens dionisíacas e rituais" – retorno romântico ao elementar e arcaico –, faz parte de um vasto movimento cênico que se anuncia desde os fins do século passado e que se deflagrou nas primeiras décadas do nosso século. Trata-se de uma revolução não só da arte cênica, mas de todas as artes, concomitantemente ou subseqüentemente às várias revoluções técnico-industriais, às novas pesquisas científicas, ao surgir de enormes metrópoles, ao abandono do positivismo ortodoxo do século XIX – abandono, contudo, que não exclui a conservação e assimilação de alguns dos postulados filosóficos e estéticos desse último movimento, nas fases posteriores do desdobramento artístico.

* Artigo publicado na *Revista Contexto*, 1971.

Os novos problemas e concepções acabaram por romper as formas tradicionais do teatro. Os estreitos limites do realismo e do naturalismo não conseguiram abarcar as novas experiências. Impunha-se a superação da cena tradicional, comprimida e sufocada pelas convenções da verossimilhança, pelo encadeamento rigoroso, lógico-causal, da ação linear, pelas unidades do classicismo e da peça bem-feita, pelo ilusionismo – esforço de criar no palco a ilusão da realidade empírica, tal como concebida pelo senso comum. Aliás, é curioso notar que à negação do ilusionismo teatral corresponde, nas artes plásticas, a crescente "desrealização", que resultaria na pintura não-figurativa. O teatro contemporâneo, enquanto de fato contemporâneo, não pretende imitar a realidade nos moldes do realismo ortodoxo: confessa-se "teatro teatral", disfarce, ficção, poesia, sonho, parábola, função circense, festividade lúdica. Deseja ultrapassar a ficção da realidade para que se manifeste a realidade da ficção.

É dentro desse contexto que se compreendem os experimentos cênicos próximos ao *happening*, as tentativas de estabelecer contatos mais diretos entre arte e vida, num plano que transborda da moldura estética tradicional. Visando atingir níveis mais profundos tanto da consciência do público como das personagens fictícias e da realidade representada: procurando produzir imagens de raios-X que incidam sobre a estrutura fundamental da realidade exterior e interior, e comunicá-las com eficácia maior, o novo teatro desfaz o "espaço euclidiano" e o tempo cronológico da cena convencional e das formas da nossa percepção habitual, além de procurar a comunicação direta entre palco e platéia, derrubando a chamada "quarta parede". Esta, embora transparente e fictícia, separava cena e público e exigia dos atores a negação da presença dos espectadores, como se não estivessem representando para eles. Desprestigiado este recurso ilusionista, interrompe-se a "hipnose mágica", uma vez que tendem a fundir-se o espaço e o tempo fictícios do palco e o espaço e o tempo empíricos da platéia. A essa evolução corresponde nas artes plásticas a abolição da perspectiva, criadora da ilusão realista, assim como, por outro lado, o uso de objetos reais montados no contexto pictórico – por exemplo, nos *combine paintings*, de Robert Rauschenberg, fenômeno que se assemelha ao de um ator/personagem saindo do "quadro" do palco para invadir a platéia. Esse processo se radicalizaria através do envolvimento do apreciador nos *environments*, "recintos" ou "ambientes", que, por sua vez, animados pela presença e ação humanas, deram origem ao *happening* em que se fundem artes plásticas, teatro e, por vezes, também a música.

Deixando de lado, por ora, a busca de uma comunicação puramente teatral – emancipada do domínio excessivo da literatura –, talvez se possa dizer que traços essenciais das tendências cênico-dramáticas contemporâneas se impuseram em conseqüência de novas concepções antropológicas. Isso é particularmente visível em Pirandello. Antecipando-se ao teatro do absurdo, o dramaturgo da "incomunicabilidade da personalidade" dissocia a unidade e continuidade do indivíduo, denunciando-as como ficção e máscara. Juntamente com isso fragmenta a ação e o enredo, destruindo a estrutura do drama tradicional, mas analisando-a e criticando-a através de sua técnica do teatro dentro do teatro. Em vão as seis personagens da famosa peça procuram um novo Ibsen, que, usando todos os recursos realistas da ilusão e o lento e minucioso processo de análise dramática, se proponha a desmascarar a face lisa da família burguesa. O drama ibseniano que as seis personagens gostariam de ver encenado e que, contudo, foi abandonado por Pirandello – o autor pós-ibseniano – só pode servir para se tornar objeto e tema de outra peça (peça dentro da moldura de outra peça cujo intuito é mostrar porque já não será válido repetir o naturalismo do escandinavo). Daí também a constante ruptura da ilusão cênica. De resto, *Os Espectros*, de Ibsen, já foram caricaturados bem antes, na *Sonata de Espectros*, obra em que Strindberg remove, por assim dizer, a fachada coletiva de toda uma casa burguesa, com recursos truculentos e grotescos, de forte teor surrealista (e isto já na primeira década de nosso século!), apresentando dos problemas propostos uma visão inteiramente renovada, desfamiliar pela deformação e, portanto, bem mais contundente e agressiva.

Hoje está bastante abalada a convicção de que se poderia abordar adequadamente e transformar em experiência vivida do público os problemas fundamentais de nossa época, através da ação linear e do caráter coerente do tradicional herói individual. Se de um lado o Ego e sua racionalidade parecem assediados por forças irracionais provenientes da própria intimidade psíquica desdobrada em várias dimensões, abaixo do limiar da consciência, de outro lado, sua autonomia é posta em xeque pela imensa engrenagem do mundo tecnicizado e administrado. Sejam quais forem as reservas que se possam ter a respeito das teses da psicologia profunda e da "sociologização" do indivíduo (como "o conjunto das relações sociais"), o fato é que em geral o Ego já não é concebido como racional, autônomo, coerente, completo em si, de firme contorno, explicável à base de motivos lógicos e categorias da psicologia clássica. O Eu racional e autônomo é considerado construção precária. Seus nítidos limites como que se esfarraparam, se revelam fictícios, desfeitos por forças exteriores e interiores. A partir daí entende-se não só a crise do herói (resultando na solução problemática do anti-herói), mas também a "crise do diálogo".

7.1. *O Palco: o Consciente e o Inconsciente*

Não basta dizer que a comunicação em geral se torna difícil num mundo de crescente fragmentação e especialização (em que cada disciplina fala sua linguagem própria e os símbolos de certas ciências já não podem ser retraduzidos para a língua comum), de rápida mudança cultural (a ponto de as novas gerações já não falarem a mesma língua dos pais) e de extrema mobilidade social (devido à qual as mais diversas valorizações se chocam, impedindo a cristalização de um público homogêneo). É preciso acrescentar que agora o próprio diálogo racional (e mesmo poético em moldes convencionais) – base do teatro tradicional – se afigura obsoleto e como que desautorizado, quando se pretende apresentar impulsos inconscientes, por definição inacessíveis à articulação consciente. O diálogo parece igualmente desqualificado quando se procura levar à cena a engrenagem anônima dos objetos e do mundo social, por definição inapreensíveis pela comunicação interindividual. Esta pode informar *sobre* os poderes anônimos, mas não é capaz de torná-los vivência. A indagação acerca da língua, hoje levada à exacerbação, faz parte desse contexto de problemas, assim como a criação de faculdades de comunicação – sintoma de que a comunicação se tornou problema. Se Pirandello critica a língua como uma das máscaras que deformam e ocultam a realidade humana, no teatro do absurdo ela chega a se tornar, por assim dizer, personagem a que se faz o processo.

Foram sobretudo essas duas tendências – a devassa da intimidade, irracional e anônima, e a devassa do mundo exterior, coletivo e igualmente anônimo – que impuseram algumas das mais profundas transformações do teatro moderno, visto os problemas envolvidos dificilmente poderem ser reduzidos a formas que obedecem às convenções do teatro tradicional, isto é, ao entrechoque de vontades racionais e individuais (expresso no diálogo dramático interpessoal) e a conflitos situados no nível da moral individual.

O palco concebido como "espaço interno" de uma consciência data de Strindberg (1849-1912) e, em seguida, do expressionismo. Em obras como *O Caminho de*

203

Damasco e *Peça de Sonho*, o palco já não tende a apresentar o embate de personagens de igual *status* real (no sentido da ficção cênica), vivendo como na vida real num tempo sucessivo e irreversível, podendo voltar ao passado apenas através do diálogo como único recurso para articular e exprimir a memória (como ocorre ainda nas peças de Ibsen). O palco, ao contrário, representa, de um modo cênico-visual, a memória, a vida onírica, os planos psíquicos mais profundos da personagem central, única dotada de "realidade", enquanto as outras são apenas projeções dela. A memória, tal como o sonho, naturalmente não se atém ao tempo cronológico: tem liberdade absoluta. O retrocesso cênico ao passado – em termos visuais, a representação do passado em plena atualidade, em vez de apenas se dialogar *sobre* ele – rompe a estrutura tradicional do tempo linear e com isso também o espaço cênico tradicional, pois a variedade dos momentos temporais cenicamente atualizados implica ampliação, superposição e simultaneidade espaciais. Na medida em que o palco, como um todo, reproduz a intimidade ou memória de uma pessoa, também são permitidas todas as deformações possíveis para projetar o mundo do ângulo, muitas vezes, patológico ou onírico, deste Eu central.

Tais distorções interpretam por si só os planos mais profundos da vida psíquica, como geralmente ocorre no teatro expressionista (e como mais tarde se tornou corriqueiro no cinema: pense-se em filmes como *O Gabinete do Dr. Caligari* ou, mais recentemente, *Repulsa ao Sexo*, de Polanski, em que o mundo é focalizado a partir da consciência paranóica da protagonista). Peça moderna baseada nesse processo é, por exemplo, *Vestido de Noiva*, de Nelson Rodrigues. Nessa obra são postas em cena a memória e as alucinações de uma mulher moribunda, de modo a se revelarem os motivos inconscientes de um "suicídio" freudiano que exteriormente parece ser um atropelamento casual. Na mesma linha dramatúrgica estão, apesar de profundas diferenças individuais, peças como *Morte de um Caixeiro-Viajante* e *Depois da Queda*, de Arthur Miller, ou *Rasto Atrás*, de Jorge Andrade – nas quais o uso do processo tradicional de Ibsen resultaria extremamente artificial e ineficaz, já que o passado, quando evocado apenas pelo diálogo e sem atualização cênica, se apresenta como passado ultrapassado e morto. Quando se trata de sugerir a presença ainda atuante do passado (ou a do futuro antecipado no medo, desejo, angústia, esperança ou expectativa), é preciso dar-lhe plena atualidade cênica, desfazendo a cronologia linear, à semelhança do que ocorre nos romances de William Faulkner. Em tais casos nem se pode marcar nitidamente os limites entre os tempos, como ainda ocorre no *flash-back* tradicional do cinema – recurso eliminado em filmes contemporâneos como *Hiroxima, Meu Amor* ou *Ano Passado em Marienbad*.

Se os problemas do tempo imaginário e dos níveis "profundos" da vida psíquica tendem a suspender a situação dialógica – básica para o teatro tradicional –, visto encerrarem o indivíduo na sua subjetividade solitária e transformarem as outras personagens em projeção da consciência central, fato semelhante se verifica nas tentativas de apresentar os poderes anônimos da história e da engrenagem social. Esses problemas surgem também em tipos de teatro que procuram dar uma visão "planetária" do nosso mundo (Thornton Wilder) ou pôr em cena o entrelaçamento infinito dos fenômenos universais (Paul Claudel) – tipos esses que transbordam de uma dramaturgia que se limita a apresentar o conflito entre vontades individuais. Os autores preocupados com tais problemas recorrem a várias formas do teatro épico, isto é, narrativo. Tanto no teatro de Brecht como no de Wilder, Claudel, Ariano Suassuna ou em peças de Augusto Boal e Gianfrancesco Guarnieri (*Zumbi, Tiradentes, Marta Saré*), e também as últimas obras de Jorge Andrade (principalmente *O Sumidouro*, drama que narra criticamente a epopéia de Fernão Dias), a limitação do palco tradicional é rompida para expandir o mundo cênico além do diálogo interindividual, mediante a narração – seqüência ampla de cenas sem relação causal, sem encadeamento e continuidade lineares –, mediante personagens-narradores ou comentadores, cartazes, cantores, coros, projeções cinematográficas, radiolocutores, cenas simultâneas e outros recursos.

A estrutura desse teatro diverge da "orgânica" do teatro aristotélico não só pela "montagem" de cenas ou quadros (que podem ser deslocados, omitidos ou acrescentados) – montagem contrária à continuidade dos "atos" tradicionais – mas também pela modificação do enredo que freqüentemente deixa de narrar uma ação conclusa, com começo, meio e fim. Brecht, porém, ainda insiste na existência de uma fábula. A "desfabulação", típica também do romance moderno, irá se manifestar de forma radical somente no teatro do absurdo. Ela define, pela falta de uma "história" ou de um "caso", muito mais uma *situação* que um desenvolvimento destinado a desenredar o enredo. E acentua, concomitantemente, o irresolvido e o caos dessa situação.

8. IRRACIONALISMO EPIDÊMICO

"[...] É Marshall McLuhan: as sociedades primitivas tribais, a arte delas, o modo de o homem existir nelas é muito parecido com aquelas novas tribos que estão surgindo na sociedade industrializada [...] Meu encontro foi através desse irracionalismo que habita a cultura européia [...] e a conexão foi imediata, quer dizer, da cultura alemã de Nietzsche e Heidegger a Wagner, pulando pro *rock and roll* e pulando pra linha pesada africana [...] As visões de todo o expressionismo alemão, da fenomenologia, mas tudo isso ainda era curtido por algumas pessoas, né? [...] Hoje em dia, isso aqui passou a ser vivência de multidões [...]".

(A minha filosofia de vida) "é justamente esse ziguezague, esse gingar, esse *swing* pra cá, pra lá, que é a essência do ritmo e da dança, né? É descontínua [...] Então, se você conseguir cada vez mais ser assim – oscilatório, ondulatório, descontínuo, você então mais penetra nessa nova visão, nesse novo sentir, que é esse nome provisório aí de paganismo *pop* [...] é difícil explicar tudo isso nessa espécie de discurso filosófico, em que há uma linearidade, em que há um começo, meio e fim, porque são coisas que de conteúdo não são assim. Elas são descontínuas [...]".

O mingau verbal acima compõe-se de trechos da entrevista de um jovem que cultiva o *kaos*. É verdade, os trechos citados são "descontínuos", mas isso não faz a mínima diferença. Deve até agradar ao citado, já que ele investe, embora de modo contínuo, contra a desprezível continuidade linear. Esse tipo de entrevista – gênero "papo-legal" – é um sarro, te diverte paca. Certos periódicos, alguns de mérito, se dedicam assiduamente a essa modalidade, trazendo muita informação para quem está por fora. Mas nem sempre discriminam suficientemente. Tornam-se, por vezes, veículos dos disparates de caras que curtem, numa transa virulenta, uma originalidade que, de tão curtida, acaba totalmente uniforme. Não há nada mais igual que a excentricidade, né? Não há nada mais indiferente que o "diferente". Incrível como esses individualistas antilineares se massificam na linearidade tipográfica e como sua suposta espontaneidade vira clichê no "jargão do espontaneísmo", hoje artigo de supermercado. Com que rapidez a investida anticoisificação se coisifica, pô. Já Weisengrund-Adorno, ao analisar o "jargão da autenticidade" de Heidegger, verificou tratar-se de um sistema (não falou ainda, ou não mais, de "estrutura") que usa como princípio de organização e desorganização.

É estranho, aliás, que nas nossas faculdades ainda não tenha aparecido nenhuma tese semiótica sobre a "estrutura da desestruturação" dessa linguagem. Através do jargão rebarbarizado pelo uso maciço de anacolutos e assíndetos (com perdão das palavras) os adeptos procuram distinguir-se dos quadrados lineares e higiênicos.

Pelo estilo desgrenhado, sem chuveiro há meses, mostram que estão *in*. Mostram que são ao mesmo tempo *pop*-populares e sofisticados, né? Que são a elite da contra-elite, os intelectuais do antiintelectualismo, os requintados do primitivismo. Não admira que se esforcem por inflar o contexto com palavras e nomes prestigiados da moda, tais como Heidegger, McLuhan, fenomenologia, estruturalismo – vocábulos de valor puramente ornamental que funcionam como símbolos não de idéias mas de pretensões a *status*, bolhas coloridas que sobem da sopa borbulhante do palavreado, sopro de voz que enfuna as velas murchas do irraciocínio. A sintaxe cuidadosamente descosida, estilizada pra baixo, dá um ar de *nonchalance* e, nesse relaxamento levemente drogado, o mago iluminado pelo *kaos* torna-se oracular, descendo teluricamente pras profundas arcaicas: "Na Bahia, além disso, a comida é toda pesada, tudo intestinal, tudo quase diarréico, no sentido de que tudo puxa pra terra – a terra, a grande-mãe, vem e volta, a grande mãe com a menina, aquela mão-de-santo". Que autenticidade!

Não se pode deixar de acusar de vergonhosa coerência a quem defende o *kaos* de forma caótica. Nesse ponto, os chefes do Living Theatre, Julian Beck e Judith Malina, tiveram na sua infeliz estada entre nós pelo menos a incoerência – sem dúvida coerente para quem tanto se empenha por difundir o irracionalismo – de exaltarem, de forma extremamente articulada, a desarticulação. Nunca um casal gastou tantas palavras para fulminar a palavra – segundo eles, mentirosa na essência – e tanta energia cerebral para ferretear a "cerebralização funesta do Ocidente". Como anarcomísticos deveriam ter preferido o recolhimento silencioso e meditabundo, conforme é tradição entre os verdadeiros místicos. O grupo do Living Theatre, de glorioso passado, chegara ao Brasil convidado por um dos mais talentosos diretores do teatro brasileiro, de passado também glorioso. Jamais se saberá exatamente por que José Celso brigou logo com o grupo norte-americano. Talvez porque as idéias, demasiado próximas, não podiam deixar de provocar a trombada. Com efeito, a "criação coletiva" intinerante promovida pelo encenador pouco parece divergir das intenções fundamentais do Living Theatre: "envolvimento" do público, convite mais ou menos agressivo para que "participe" no "ritual" e se torne "co-ator", por mais que se sinta constrangido, tudo dentro de um contexto anarcomístico com tendência à salvação do mundo pelo antipalco e pelas contraconcepções de um teatro desapropriado do seu "r" (para passar às vias de "ato"). A semelhança das idéias é grande, pelo menos a julgar pelas dezenas de entrevistas concedidas pelo diretor num jargão não muito mais articulado que o do "kaótico" jovem citado acima. É que nunca se pode comunicar o estado místico mediante o pensamento linear-discursivo. É preciso curti-lo, sacou? Entretanto, tais entrevistas, decerto expressão de um momentâneo impasse artístico e intelectual, de modo algum chegam a abalar a confiança no grande talento do encenador.

Pelo menos no que se refere ao teatro, a onda anarcomística parece estar passando no Brasil. Inspirada por gurus, guias espirituais, pajés, vibrações e fluidos cósmicos e outras transas moderninhas, ela parece estar refluindo, graças, em parte, ao esforço de alguns diretores e atores lúcidos (Antunes, Peixoto, Autran, Juca de Oliveira e outros) não contaminados pela enfermidade. Ao que tudo indica, está diminuindo, no teatro, o número de dionisozinhos de cueca Zorba. De resto, porém, encontramo-nos ainda em meio à epidemia.

Basta pensar na avalancha de adeptos de zen, ioga, astrologia, quiromancia, taiti, macrobiótica, feitiçaria, Seu Sete, maná, neognosticismo, Madame Soleil – esta astróloga que tomou conta da França dita cartesiana, a tal ponto que o próprio presidente Pompidou, assediado por jornalistas ávidos de prognósticos, acabou exclamando: "Não sou Madame Soleil!" Aspecto parcial dessas epidemias é a *daenikenite* – não confundir com a meningite – que continua grassando por toda a parte. Trata-se de uma inflamação cerebral – ainda sem vacina – que predispõe o atacado à leitura crédula de autores como Erich von Däniken, o homem dos deuses astronautas. Essa enfermidade, porém, merece algumas observações especiais.

9. INDIVIDUALISMO E COLETIVISMO

Um dos problemas que hoje parece preocupar a consciência de amplos círculos de forma aguda é o do sufocamento do indivíduo pela civilização moderna. É evidente que semelhante problema só poderia manifestar-se com intensidade numa civilização que atribui valor extraordinário à individualidade, à autonomia e aos direitos do indivíduo. Somente a partir daí se entende a angústia com que muitos pensadores apresentam hoje uma visão apocalíptica do aniquilamento do indivíduo pela engrenagem do mundo anônimo da burocracia, pelo tecnicismo, pela "sociedade de consumo", pelas indústrias culturais (meios de comunicação de massa), também chamadas "indústrias de consciência", por moldarem e nivelarem as consciências individuais segundo padrões uniformes e clichês massificadores. Utopias sombrias descrevem a transformação do indivíduo em formiga e a des-

213

truição da sua autonomia em sociedades coletivistas. Segundo os "apocalípticos", mesmo o apelo da publicidade à diferenciação individual, através da aquisição de objetos "fora da série" e de bens altamente personalizados, acaba resultando em industrialização da diferença e da "pequena variação", pois nada é mais uniforme que a originalidade buscada à força. O próprio surto de "laboratórios de criatividade", enquanto demonstra o anseio de auto-expressão individual, parece confirmar ironicamente a padronização, não só pela multiplicação em série e pelo modismo desses institutos, mas também pelo termo "laboratório", que sugere manipulação, tecnicismo e fórmulas. Mesmo quem tiver uma visão menos dramática do problema (como é o meu caso), não poderá deixar de levá-lo a sério. É preciso reconhecer que o próprio problema da padronização acabou por tornar-se padrão, moda, artigo de consumo. Assim, um filme de nível baixo como *Hospital* procura demonstrar, através da focalização de uma gigantesca fábrica hospitalar, a perda de identidade individual, a intercambialidade pessoal, a transformação do ente humano e material em ser "operado", manipulado, composto de decomposto – tudo isso em série, aliás, num filme que tampouco escapa à série e ao clichê. Reconheço também da minha parte que, ao analisar o problema, corro o perigo de produzir clichês semelhantes àqueles que procuro analisar, já que eu também, enquanto falo, falo o que o "monstro anônimo" fala e por quem em ampla medida "sou falado" (referências a Kafka, com sua obsessão desse problema).

Em parte devido aos problemas apontados, nossa civilização sofre atualmente a crítica e contestação radicais de certos movimentos juvenis (*hippies*, contracultura, *underground*). Em termos gerais, a visão crítica da nossa civilização é benéfica e certamente justificada. Só uma pessoa extremamente obtusa poderia sentir-se satisfeita com o estado atual da nossa civilização. Considero o protesto da juventude, apesar do seu cunho às vezes muito romântico, útil e digno de atenção. Há vozes que comba-

214

tem a tendência de conferir aos jovens, simplesmente por serem jovens, uma importância especial, como se a qualidade da juventude os dotasse de méritos particulares. Discordo dessas vozes. Numa civilização em mudança extremamente acelerada, a idade desempenha um papel enorme.

Entretanto, a contestação dos movimentos mencionados (inspirados, por exemplo, por Herbert Marcuse e Hermann Hesse), mormente das suas alas anarcomísticas, parece-me sumamente precária no tocante aos argumentos. O que se critica sobretudo é a ciência e a técnica (que seriam as causadoras principais do estado de coisas acima descrito). Mas o que se deveria criticar é o cientificismo, isto é, a fé quase religiosa na ciência, e o tecnicismo, ou seja, a idolatria e a manipulação irracional da técnica e da tecnologia. A civilização ocidental será de fato tão funestamente racional, cerebral, intelectualista etc., como afirmam vastos círculos mais ou menos contagiados pela visão romântica da contracultura? Por um engano muito difundido chamam de racionalista um desenvolvimento que põe os resultados e produtos de uma inteligência meramente tecnológica e manipulatória a serviço de fins irracionais, que nada têm a ver com a razão. Confundem um intelecto analítico, altamente especializado, limitado por tapa-olhos, com o poder sintético da razão unificadora, tal como entendida por uma longa tradição filosófica. Reduzido a funções serviçais, perdido num miúdo departamento do nosso mundo kafkiano, o intelecto manipula, por exemplo, a energia atômica – em si capaz de produzir enormes benefícios – e coloca-a a serviço da construção de bombas, isto é, de fins radicalmente opostos à razão, já que determinados por impulsos, interesses subalternos, temores, vontade de poder etc. A razão jamais perderia de vista o todo da hierarquia de valores. Unificando e integrando os conceitos dispersos do entendimento especializado em função de um sentido maior, nunca admitiria a entronização dos meios a ponto de se sobreporem e subverterem os fins.

215

Malgrado os receios dos movimentos anarcomísticos contemporâneos, não há o mínimo perigo de que a razão venha a predominar nos próximos séculos. O ser humano atual (disse um sábio competente) não passa de elo intermediário entre o macaco e o ser humano verdadeiro. O irracional, nos aspectos negativos e também positivos (sobretudo quando canalizados pela razão), é de longe a parte mais ampla e poderosa do homem, dispensando, hoje como antes, o apoio das vastas correntes irracionalistas do nosso tempo. Massas enormes, entre elas intelectuais, se mostram suscetíveis a uma credulidade que renega de bom grado tanto o intelecto como a razão e qualquer traço de espírito crítico. Abandonam-se com volúpia a um pensamento puramente analógico como, por exemplo, a mística eletrônica do mcluhanismo ou as crendices primitivas, geralmente ligadas a interesses econômicos, como a astrologia, quiromancia, ao baixo espiritismo, à feitiçaria ou ao apelo irracional de seitas, ritos, comportamentos e vícios quase sempre de triunfal boçalidade.

Ainda admitindo que os movimentos descritos tenham exercido certa influência sobre a sensibilidade e certos costumes é muito difícil acreditar que possam atuar num sentido mais incisivo na reforma dos males que combatem. O próprio cunho anarcomístico da maioria dos grupos em foco lhes tira qualquer possibilidade de se constituírem em organização coesa, política e socialmente atuante.

Embora pouco dado ao otimismo, não vejo o futuro de uma forma tão sinistra e apocalíptica como as utopias negativas o pintam. Não vejo, tampouco, o indivíduo e o coletivo como alternativas que se excluam. Somente as soluções verdadeiras em favor do coletivo podem resultar em benefício verdadeiro para o indivíduo. Isso exige organização e racionalidade no uso das ciências (entre elas, as ciências política e econômica) e da técnica. Racionalidade, obviamente, não significa a manipulação

216

dessas disciplinas em função de fins irracionais, mas de fins racionais, isto é, de valores éticos e sociais, de fins, portanto, que favoreçem o ente humano, tanto em nível individual como coletivo. A razão, no sentido descrito, se realmente empenhada, não pode senão atuar em favor do homem, que é o portador da razão. Essa razão o homem só desenvolve, como ser social que é, no seio do coletivo. De outro lado, só o indivíduo possui consciência, ou seja, a capacidade de optar, criticar, criar. Indivíduo e coletivo se complementam, o que significa que tanto o individualismo como o coletivismo, enquanto valorizações unilaterais do indivíduo ou do coletivo, devem ser considerados excessos.

10. LIVING THEATRE E O GRUPO LOBO

Convidados por José Celso, do Teatro Oficina, encontram-se em São Paulo o Living Theatre, grupo norte-americano mundialmente famoso, e o Lobo, cinco artistas de Buenos Aires que apresentaram no decurso de agosto várias vezes seu espetáculo *Casa, 1 hora e 1/4*, no Teatro Galpão. A idéia do encontro consiste ou consistiu numa colaboração entre os dois grupos e vários expoentes do Teatro Oficina para, conjuntamente, criarem um espetáculo exportável para outros países da América Latina. Desde então pouco se ouve desse empreendimento. Quanto ao Living Theatre, que reuniu em São Paulo sete elementos, entre eles os conhecidos fundadores do grupo, Judith Malina e Julian Beck, mantém-se ou está sendo mantido numa espécie de isolamento (quem sabe, talvez se trate de um retiro espiritual). Depois de algum noticiário inicial, caiu sobre o grupo silêncio total.

219

É pena. Embora não se pretenda publicidade sensacional em torno desta "comuna" estranha (tal como freqüentemente foi difundida por países europeus, não só por causa de seus espetáculos anticonvencionais, mas também em conseqüência de muitos atritos), comuna cujas rendas são distribuídas em partes iguais entre os membros, desejar-se-iam ao menos algumas informações acerca das atividades atuais de um teatro do qual tanto se ouvia enquanto viajava pelo mundo e do qual nada se ouve enquanto está entre nós.

Ao que tudo indica, o relacionamento dos três elencos para o trabalho cênico comum, através do processo hipermoderninho da "dinâmica de grupo", veementemente defendido por Flávio Império, não está funcionando às mil maravilhas. Coisas curiosas ocorrem no mundo teatral de São Paulo. Depois de uma onda de misticismo hindu, que se espalhou por aí, com atores esperando a palavra profética dos seus respectivos gurus ou aguardando a permissão dos seus guias espirituais para aceitar um papel, outras passam atualmente seus dias praticando dinâmica de grupo, procurando "autodescobrir-se" ou "auto-exprimir-se", entregando-se a exercícios de "aquecimento sensorial" ou a experiências psicodramáticas, psicocoreográficas, psicomímicas, psicomusicais, psicogrotowskianas, psicopromíscuas, psicotáteis e psicolfáticas, psicodélicas, psicotrópicas, psicomaníacas e psicopatológicas, preocupados muito mais em se relacionarem consigo mesmo e entre eles do que em buscarem, como se suporia de autores profissionais, a comunicação com o público. A coisa seria altamente psicocômica (com perdão da palavra) se não se tratasse de um triste sinal de alienação, aliás psicalienação.

O Living Theatre, fundado há cerca de vinte anos, em Nova York, tornou-se conhecido pelas suas pesquisas ousadas no campo da linguagem cênica e verbal e pelas encenações perturbadoras e agressivas, apresentadas nos Estados Unidos e na Europa. Foi um dos primeiros a engajar o público não só pelo lado do intelecto e da imaginação, mas também fisicamente, visando com insistência à reação nervosa, ao impacto sensorial e à comunhão ativa entre palco e platéia. Assimilando de início processos de Erwin Piscator – de quem Judith foi assistente – e de Bertolt Brecht, aproximou-se em fases posteriores do "teatro da crueldade" de Antonin Artaud e de formas de comunicação "pré-lógicas", num plano ritual em que o público deveria tornar-se uma espécie de congregação dirigida por atores sacerdotes.

Considerando sua missão combater os males de nossa "sociedade administrativa e massificada", assim como os vícios de uma civilização que se lhe afigura cerebral, fragmentada e esquizofrênica, o Living Theatre empenha-se por transmitir a mensagem de um "mundo habitável", livre, pacífico, purgado da influência demoníaca do dinheiro. Exalta uma humanidade mais próxima da natureza, de modo que lhe possa ser restituída a plenitude das suas faculdades espirituais e físicas. Essa luta em favor de um mundo melhor só pode ser travada por atores profundamente imbuídos das idéias do Living Theatre. O início de tudo é, por isso, a transformação radical do ator – transformação intelectual, moral, sobretudo também do corpo. O ator se torna membro de uma comunidade, quase que diria de uma seita de tendências anarcomísticas que procura nunca proclamar no palco o que não pratica na vida, devendo haver uma confluência completa entre arte e existência.

Do ponto de vista teatral não se pode deixar de nutrir dúvidas em face de um projeto essencialmente místico, cujos expoentes aspiram a um tipo não muito bem definido de santidade. Já Peter Brook declarou que o grupo, visando, sem tradição e sem fonte sagrada, à santidade, se vê forçado a recorrer a muitas fontes e tradições: ioga, psicanálise, livros esotéricos, ondas moderninhas, descobertas e inspirações pessoais – num ecleticismo extremamente precário. O grupo vive numa atmosfera de LSD e ocultismo, de regime vegetariano e crendice astrológica, de taoísmo e hinduísmo, de cabala e outros misticismos, tudo se confundindo num coquetel espiritual bizarro, ao mesmo tempo arcaico e atual, já que hoje não há nada mais pra-frente do que o mais pra-trás, que *O Pasquim* perdoe o trocadilho!

A dissidência do Living, verdadeiro cisma religioso ocorrido no início do ano em Berlim, que esfacelou o grupo em três fragmentos, dos quais um partiu para a Índia para fazer "viagens adentro", outro permaneceu em Berlim para apresentar as afamadas produções de *Misteries* e *Paradise Now*, enquanto o terceiro chegou ao Brasil para unir-se aos elencos antes mencionados, é sintoma da dificuldade de manter coeso um grupo de individualistas anárquicos. Quanto a Beck e Malina, querem a revolução sem bombas e sem violência, através da "transformação pacífica da consciência". "Se quisermos transformar o mundo, temos de mudar primeiro a nós mesmos", declarou Judith em Berlim, opondo-se tanto a Kant como a Marx. E apoiando a esposa, disse Julian: "Revoluções violentas modificam as condições, mas os homens permanecem o que são". Segundo uma reportagem um tanto irônica, publicada na *Spiegel*, o espetáculo de *Paradise Now* é essencialmente um convite para que o público participe e coatue com os atores. O espetáculo tem êxito quando, no fim, "todo o mundo vai tomando assento no palco e transformando a consciência". Ainda segundo a *Spiegel*, o Living até agora não transformou o mundo e, acrescentamos, nem sequer a consciência, mas certamente transformou o teatro.

Por mais que se divirja dos propósitos e idéias atuais do Living, não se pode deixar de respeitar um empenho abnegado de duas décadas que, através de experimentos originais e realizações de repercussão universal, exerceu profunda influência sobre o teatro contemporâneo e contribuiu, de modo marcante, para a renovação cênica, embora por vezes em moldes que não correspondem à idéia de um teatro lúcido e atuante, orientado segundo princípios adequados à realidade atual.

No que se refere ao grupo Lobo, composto de quatro atores e uma atriz, adota igualmente um regime vegetariano, com exceção de um dos atores que aceita de bom grado um filé suculento. O espetáculo *Casa 1 hora e 4* inicia-se com "aquecimento", longa concentração, exercícios respiratórios, tomada de contato dos componentes distanciados através do olhar e da mútua afinação de zumbidos e movimentos. O espetáculo se baseia quase exclusivamente em movimentação física e expressão corporal, inicialmente fora da "casa", depois dentro dela, que é uma estrutura montada de canos de ferro. O relacionamento psicofísico, de início com os objetos (os canos), depois com os parceiros orgânicos, constitui em essência a "peça" dos Lobos. O uso da voz e da boca, aliás, raro, serve mais para emitir zumbidos, sibilos, uivos, berros, murmúrios e cicios – com forte salivação – do que linguagem verbal articulada. De sunga, os corpos vão se autoconhecendo e se tocando, se conhecendo mutuamente, se comunicando, entrando em atrito e se chocando, se reconciliando e solidarizando, num comportamento lúdico que às vezes se adensa em ápices de forte dramaticidade. A comunicação é, quase por inteiro, infraverbal, em essência irredutível a uma estória literária capaz de ser narrada, como ocorre na pantomima. O domínio físico é notável, e o trabalho é sério. Mas para um público não-iniciado no código dessa linguagem contagiada por práticas místicas orientais, psicanalíticas e psicodramáticas – mais própria para a auto-expressão do que para a comunicação com a platéia –, a apreensão se afigura difícil. O espetáculo, no seu todo, não resulta satisfatório. Há um oscilar entre momentos miméticos (próximos da pantomima) e outros de puro exercício físico. Outras vezes, os atores articulam hieróglifos ginásticos com que, aparentemente, satisfazem muito mais a si mesmos do que ao público. Há, de outro lado, momentos circenses, mas sem o risco, a elegância, a disciplina e a perfeição física dos acrobatas. Tampouco se pode ficar entusiasmado com o espetáculo como composição plástica ou linguagem géstica significativa. Apesar desse desencontro de tantas tendências sem unidade, não se pode deixar de aplaudir esse respeitável trabalho como pesquisa de meios de expressão teatral, certamente de valor considerável quando integrado em contexto cênico mais amplo e comunicativo, enriquecido pela expressão verbal articulada.

Houve, depois do primeiro espetáculo, realizado no Teatro Oficina, um debate de que participaram expoentes do Living Theatre, do grupo Lobo e da vida teatral de São Paulo. Ressaltou, nesse debate, um forte teor irracionalista dos visitantes e de alguns dos nacionais. É evidente que a comunicação não-verbal não precisa ser irracionalista – termo que define a hipervalorização do irracional. Toda arte é organização de elementos irracionais, e, enquanto organização, o fato estético é sempre também expressão, em maior ou menor grau, de lucidez e racionalidade. Exemplo característico é a "composição", isto é, organização musical, arte não-verbal em que o irracional e o racional se combinam em união significativa. Cada arte conta com seus próprios recursos de organização e composição. Não é a ausência da linguagem verbal (como na música ou nas artes plásticas) e sim sua *negação explícita* numa arte em que o homem (e não sonoridades, ritmos, cores, formas, volumes) é parte central que se afigura irracionalista. Entenda-se que a bela arte da pantomima desenvolveu uma linguagem não-verbal altamente organizada e comunicativa. Mas mesmo essa linguagem mimética foi em larga medida suprimida pelo grupo Lobo, fato que, na sua extrema artificialidade (visto tratar-se de seres humanos que se apresentam), se afigura como negação propositada da palavra e de qualquer tipo de linguagem simbólica, sem que o grupo, de outro lado, de fato possa evitá-la para chegar a uma espontaneidade de expressão imediata, sem codificação nenhuma.

O propósito de negar a linguagem (pelo menos a verbal) foi confirmado pelo debate. Tanto a sra. Judith e o sr. Julian como os Lobos insistiram, aliás fazendo uso da palavra, em chamá-la de "mentirosa". Isso lembra um pouco aquele sofisma do cretense que disse que todos os cretenses são mentirosos, de modo que é mentira também o enunciado de que os cretenses são mentirosos. Ninguém nega a "crise" da comunicação verbal. Há quase duzentos anos, Schiller disse que, "quando a alma *fala*, já não fala a *alma*." Mas isso vale de toda manifestação simbólica, também da linguagem do gesto e do movimento físico. Toda linguagem, como tal simbólica e não sintoma imediato de estados psíquicos reais, é suscetível de ser mentirosa, cabendo à comunicação verbal a vantagem de a mentira nela se revelar com mais facilidade como mentira.

Julian Beck combateu, durante o debate, não só a "mentira" da palavra, mas em geral aquilo que chamou de civilização demasiado cerebral. O domínio da racionalidade − opinião também de Judith − seria uma calamidade, impedindo o uso pleno do nosso corpo, da nossa sensibilidade, dos nossos impulsos e das nossas faculdades "espirituais". Pondo-se de lado o problema da terminologia um tanto difusa, deve-se salientar que um dos erros mais trágicos da nossa época é considerar nossa civilização como racional ou até racionalista. O fato de imensos recursos técnicos e econômicos terem sido criados racionalmente não impede que sejam usados e aplicados da maneira mais irracional possível. Dificilmente se pode imaginar uma época em que tantos meios racionais foram postos a serviço de tantos fins irracionais. A energia atômica é uma descoberta maravilhosa da racionalidade humana, descoberta até hoje quase integralmente aplicada a fins destrutivos e irracionais como a bomba atômica etc.

Todos os movimentos fascistas, mormente o nazismo, empregaram ou empregam recursos racionais para metas sinistramente irracionais, enquanto ao mesmo tempo combatiam ou combatem ou amaldiçoam a racionalidade dos intelectuais e os próprios intelectuais. Desagrada-lhes um tipo de gente que exerce uma função importante, desde a época de Sócrates e dos sofistas: a função de analisar criticamente a realidade irracional, aferida e questionada segundo idéias e princípios racionais de justiça, segundo valores e normas racionais que visam a uma sociedade humana, digna e livre, a uma ordem que possibilite o pleno desenvolvimento do homem. O intelectual nunca é benquisto por aqueles que estão satisfeitos com a realidade estabelecida, quer na Rússia ou na China, quer na Grécia, em Portugal ou mesmo nos Estados Unidos. A perseguição mais terrível sem dúvida lhe foi movida na Alemanha nazista. A perversão obscurantista, a corrupção semântica (que é também corrupção moral) e o misticismo irracional das trevas forçosamente haviam de temer a crítica racional dos intelectuais. Isso é perfeitamente natural e nisso não há nada que possa surpreender. Mas que os próprios intelectuais se dirijam contra a razão e a racionalidade – eis um fato novo, inédito, estranho! Como se neste mundo, tumultuado e devastado por ambições e paixões, por impulsos desenfreados e pela vontade de poder irracional, jamais pudesse haver racionalidade em demasia, lucidez demais! Como se neste planeta ameaçado de destruição pela estupidez insondável e pela fúria bestial dos homens devesse ser combatido o que faz tanta falta: a inteligência e a crítica racional!

226

11. OS DEMÔNIOS DO TUCA

Embora esta seção não se destine à crítica teatral, mas à discussão de problemas do teatro em geral e, sobretudo, do teatro nacional, não pode deixar de assumir posições críticas em face de determinadas encenações, quando suscitam problemas relevantes para o teatro e, portanto, para a cultura nacional.

É este o caso de *O Terceiro Demônio*, última encenação do TUCA. Não se trata de um elenco diletante qualquer, mas de uma instituição universitária, cujos membros flutuantes, depois do trabalho pioneiro de Roberto Freire, Silnei Siqueira, Armando Ferrara e outros, não podem deixar de sentir-se responsáveis pela continuidade qualitativa de uma tradição baseada em grandes feitos teatrais. São inesquecíveis as realizações de *O & A* e, sobretudo, de *Morte e Vida Severina*. O grande poema dramático de João Cabral de Melo Neto e a bela encenação, uma das melhores já vistas em palcos brasileiros, resultaram numa criação artística profundamente ligada à cultura e realidade brasileiras. A consagração desse espetáculo no Festival de Nancy deu fama internacional ao TUCA. O prestígio do grupo manifestou-se, em seguida, mesmo depois de terem mudado os dirigentes e intérpretes, nos convites de numerosos países. Ainda no ano passado o TUCA obteve certo êxito, mais modesto embora, num festival na Colômbia, com uma encenação já assaz hermética de Mário Ricardo Piacentini.

É pouco provável que o espetáculo atual, dirigido pelo mesmo diretor, baseado, segundo o próprio, em idéias coletivamente elaboradas, contribua para aumentar ou sequer manter o prestígio do TUCA, quer no Brasil, quer na Colômbia, onde *O Terceiro Demônio* será apresentado no III Festival Latino-Americano de Teatro Universitário, quer em Nancy, caso o grupo de fato se desloque para lá.

O espetáculo desta vez é completamente desligado da realidade brasileira e de qualquer realidade objetiva – fato que pesa duplamente no caso de um grupo de jovens universitários. Há tanta realidade urgente e densa por aí! Um grupo inteligente, à base da experiência pessoal e da pesquisa coletiva, poderia traduzir um aspecto dela em termos cênicos atuais. Desse modo participaria e faria participar o público dos problemas que hoje nos comovem. Em vez disso, o grupo se afundou num subjetivismo exasperado, repetindo, por cima, todos os chavões da moda cênica internacional: o espetáculo é, naturalmente, "não-verbal", sem ser uma pantomima, pois esta – horror dos horrores! – narra uma história e pode ser reduzida a palavras, coisa vergonhosa; o espetáculo é, naturalmente, um "ritual" – abaixo disso não se pode mais fazer teatro; os atores, naturalmente, não permanecem no palco –, é impositivo que se retorçam pela sala inteira. Tudo isso é bom quando significa algu-

228

ma coisa. Mas é apenas caça a efeitos quando não tem sentido maior.

Brecht pediu no seu teatro antes de tudo luz clara, já que desejava estimular a reflexão crítica do público. É característico que no espetáculo atual do TUCA não há, em momento algum, luz clara. A iluminação – aliás, também usada para agredir os olhos e ofuscá-los – vai do lusco-fusco aos tons crepusculares, passando por todos os efeitos estroboscópicos possíveis até a auto-anulação em completas trevas; eis o termo: trevas. A amplificação da sonoridade do tipo iê-iê-iê visa ao mesmo efeito de "ofuscar" os ouvidos e fundir a cuca do público. Isso corresponde perfeitamente à tendência da encenação de chafurdar na astrologia e num confuso misticismo estético, meio impregnado de elementozinhos de Freud, Jung e psicodrama, tudo isso assimilado ao nível superficial e execrável do *dernier cri*, da "onda", do modismo internacional dos grã-finos. O "terceiro demônio" entra na história como a cantora careca na peça de Ionesco, para não falar dos dois outros demônios. É, enfim, uma coisa altamente demoníaca.

Não se diga que o espetáculo não apresente belos efeitos plásticos e sonoros, boa coordenação de luz e som, lindos jogos de sombras. Trata-se, porém, de efeitos apenas, visto que em tudo isso não subjaz significado maior, a não ser o indireto de uma triste evasão para o irracional e o subjetivismo total.

As explicações pretensiosas de Mário Ricardo Piacentini afinam com o espetáculo. Trata-se, naturalmente, de um "laboratório", aliás, de um "labor-oratório" – oratório paradoxalmente sem palavras. O diretor, naturalmente, tem também seu "método". Segundo uma entrevista (*Jornal da Tarde*, 7 de agosto de 1970), esse método tem cinco fases, começando com um "relaxamento da pessoa, para que ela se entregue a si mesma, aos estímulos que lhe são oferecidos (que bifurcação esquizofrênica!). Vem depois o famoso "aquecimento sensorial" para "aguçar a sensibilidade do órgão que vai ser usado" (essa foi tirada do *Pasquim*). Em seguida ocorre a *indução* "para conseguir contato com os dados inconscientes", devendo o ator "recolher esses dados para o consciente traduzindo-os em ação".

Parece que os dados inconscientes não foram recolhidos para o consciente. O que resta é somente a insconsciência alarmante de um grupo contagiado pela epidemia de primitivismo prafrentex, de arcaísmo eletrônico e de misticismo psicodélico que atualmente assola o teatro. E resta ainda o entusiasmo tocante dos atores, digno de causas melhores.

12. O *RITO DO AMOR SELVAGEM*

José Agrippino de Paula obteve repercussão com duas obras narrativas, *Lugar Público* e *Panamérica*, ambas de teor vanguardeiro. Nestes livros se nota a tendência à colagem de pequenos quadros ou planos, freqüentemente de acento onírico e sempre de grande insistência nos aspectos visuais. O princípio da montagem e a preponderância da dimensão visual pareceriam predestiná-lo para o cinema, como ocorre no caso de Robbe-Grillet com quem mostra certas afinidades. O cinema e seus "mitos" tornou-se de fato temático tanto em *Rito do Amor Selvagem* como em *Panamérica*, obra em que as técnicas de panoramizar o *travelling* foram aplicadas à literatura.

Maria Esther Stockler distingue-se pela seriedade e riqueza imaginativa de seu trabalho no campo da dança e

231

da expressão corporal, devendo todos lembrar-se do excelente rendimento obtido por ela no mimodrama *O & A* apresentado pelo TUCA.

A associação do autor e da coreógrafa na direção do *Rito*, executado pelo Sonda (com a colaboração destacada de Stênio Garcia, José Ramalho, Flávio Porto), resulta numa realização que, embora definida no programa como balé, não pode ser classificada segundo nenhum dos gêneros ou artes conhecidas. Longe de ser balé, tampouco é teatro declamado ou musical; nem é circo ou *show*, nem *happening* e nem pantomima, embora apresente elementos de todas essas formas artísticas ou extra-artísticas. Trata-se de uma fusão ou "mixagem", na expressão de José Agrippino, que lembra certos projetos românticos que visam a uma arte sintética ou total ou, no dizer de que José Agrippino, à "arte-soma".

Todavia, o romantismo, apesar de lançar mão do contraste, do heterogêneo e da oposição violenta dos elementos, almejava ainda a integração "orgânica" do díspar. Nisso difere da tendência à montagem. No *Rito*, esse princípio moderno se manifesta não só na agregação às vezes simultânea de faixas díspares e mesmo conflitantes (diálogo, coreografia, música, acrobacia, ginástica, pantomima, gravações, ruídos mecânico-eletrônicos e vocais, iluminação agressiva e ofuscante, objetos característicos das artes plásticas atuais), mas também na sucessão de quadros sem continuidade, sem seqüência narrativa, sem unidade de ação nem de personagens nem de situações ou atmosfera e nem sequer, aparentemente, de uma idéia discernível que servisse de centro organizador da montagem. Nesse sentido trata-se de uma obra extremamente "aberta", abertura desde logo inserida no projeto, já que de uma série numerosa de cenas ou planos esquematizados pelo autor só um número pequeno foi escolhido, podendo cada diretor selecionar os que preferir. Corresponde a isso a possibilidade de um número indeterminado de interpretações divergentes. Por exemplo, a de que a realização do Sonda procura ironizar e criticar aspectos do nosso mundo (ONU, Hitler, Mussolini), inspirar-se em "mitos" modernos do cinema e das histórias em quadrinhos e exaltar o amor através do *Rito Selvagem* do ato sexual. A gigantesca bola de material plástico, manipulada no fim, tanto pode ser interpretada como um símbolo, por exemplo, do mundo que é enfrentado por personagens representadas por atores (e nesse caso ficaríamos dentro do campo da ficção) como também pode ser concedida como objeto mágico, espécie de *objet trouvé*, manipulado por acrobatas (princípio circense) que nada representam e nesse caso ficaríamos numa zona indeterminada entre ficção teatral, circo e *happening*, este último se acentuando pela participação física do público (que nesse momento deixa de ser público) no jogo com o globo.

O constante extravasamento dos elementos cênicos, animados e inanimados, para a platéia e mesmo, logo no início, para o *hall*, procura derrubar a própria arquitetura teatral, projetada para que um público, sujeito em face do objeto, contemple e aprecie um espetáculo. O espetáculo tradicional, ademais, baseia-se quase por inteiro no ator transformado em personagem, acrescentando à cenografia apenas o ambiente e o pano de fundo no qual personagens vivem e se situam. O teatro é integralmente *humanista*. Na realização do Sonda os objetos, bem de acordo com os princípios cinematográficos, avançam para o primeiro plano (a bela gigante é um *close-up* lançado na cara do ex-público, *close* que pelo peso físico recupera e ultrapassa a presença viva do mundo teatral), tornam-se atuantes e quase animados, enquanto os seres animados tendem a ficar *desanimados*, já que mal se constituem em personagens, apreendidos como são apenas na superfície visual, sem continuidade e sem vida íntima, acabando por marionetizar-se como ocorre, por exemplo, na cena do jogo de xadrez. A própria voz humana é muitas vezes usada como instrumento produtor de meros ruídos e sonoridades inarticuladas, enquanto os

233

instrumentos do conjunto musical por vezes imitam a voz humana e lhe usurpam o lugar.

No esvaziamento, na desarticulação e mesmo na caricatura do verbo acentuam-se certas tendências irracionalistas do momento, as quais estouram no *Rio Selvagem*, cena dionisíaca de excepcional força...coreográfica.

A volta do elementar e primitivo, aliás, através de recursos sofisticados, com o uso de meios técnicos avançados, é característica de muitas vanguardas. Essa mistura *envenenada* é fascinante, mas suscita reservas. Nada mais antigo e romântico do que o namoro dos intelectuais com o arcaico. As cavernas primevas dotadas de luz néon e gravações eletrônicas: essa montagem provoca leves arrepios. É com a clava que combinam as cavernas. A mixagem conflitante com a bomba de hidrogênio – eis um princípio estilístico arrebatador e arrebentador.

Pelo exposto verifica-se que é extremamente difícil *criticar* esse *objeto coletivo*, para usar a expressão de José Agrippino. Em experimento tão novo, que faz a mixagem de tantos gêneros e artes diversos, não há, por ora, critérios para criticar, nem sequer o da unidade, visto esta não fazer parte das intenções inerentes à obra.

Ademais, pode-se criticar um espetáculo, objeto em face do qual se situa, como sujeito, o crítico. Entretanto, evitamos cuidadosamente esse termo por que ao menos em algumas partes o *Rito*, visa a uma participação outra que a admitida pela estética tradicional do espetáculo (que pressupõe a participação *imaginária* e, ao mesmo tempo, certa distância em face do objeto estético). O *Rito*, em vários momentos, bem ao contrário, tenta precisamente anular a relação sujeito/objeto, público/espetáculo. Diante disso, o crítico vê-se num dilema: ou *entrou na coisa*, e nesse caso não pode criticar por lhe faltar a distância crítica (ninguém pensaria em criticar um ritual ou *happening*) ou não entrou, também nesse caso não pode criticar, por não ter participado no nível das intenções mais profundas do experimento.

Talvez caiba, em face de uma realização experimental, o termo *interessante*, no caso aliás, extremamente interessante. Tomamos a palavra no seu sentido latino: inter-esse, estar com, estar entre. Ter estado com ou mesmo entre o grupo Sonda foi uma experiência extremamente interessante. Também a crítica, ante obra tão aberta, deve manter-se aberta.

13. "MAIS RESPEITO AO TEXTO"

Em exposição arguta e interessante, o sr. Pedro Dantas exige dos diretores teatrais "mais respeito ao texto", por razões jurídicas (que ao leigo não cabe discutir) e sobretudo por razões culturais (*Estado de S. Paulo*, 11 de fevereiro de 1973). A colaboração mais ou menos considerável do diretor, mesmo (ou precisamente) quando criativa, tenderia a desfigurar o original,

desvalorizando culturalmente sua representação no palco, pois esta será meritória na medida em que for autêntica. Se alguma coisa ou muita coisa se perde do texto original, pela simples mudança dos tempos, cumpre não esquecer que a representação de uma peça tem certo sabor de visita a um museu, para o público, que deve assistir a ela preparado para a momentânea vivência de outra época, isenta de interferências atualizadoras, que se caracterizam como atentados à autenticidade e pureza da obra do autor.

237

As observações do sr. Pedro Dantas afiguram-se, no momento atual, assaz oportunas, como antídoto às tendências modernas (ou modernosas) de um teatro desenfreado ou mesmo desvairado em que a intervenção dos diretores não conhece limites. Pode-se ainda admitir que atualizem o texto (apesar da opinião contrário do sr. Dantas), mas o fato é que não raro lhe invertem o sentido. (Isso na medida em que ainda se baseiam em textos hoje considerados obsoletos por grupos vanguardistas.) Não se pode deixar de dar razão ao sr. Pedro Dantas, quando se pensa, por exemplo, em certa encenação de *Galileu* em que ao público, quase à força, era imposta a tarefa de subir ao palco para formar uma "corrente de fluidos e vibrações" e participar de rituais idiotas que não tinham nenhuma relação com a peça de Brecht e muito menos com as descobertas do genial físico.

Entretanto, abstraindo os excesso do momento atual, decerto passageiros, e colocando o problema da autenticidade do texto teatral em termos mais gerais, a tese do sr. Pedro Dantas não deixa de inspirar dúvidas. O ângulo da argumentação é puramente literário. A partir dessa perspectiva, o teatro é degradado a mero veículo e destituído das suas funções criativas (estas são reduzidas pelo sr. Dantas a "valores marginais"). Ora, não há axioma que evidencie que o teatro existe a serviço do texto. Pode-se afirmar com certeza pelo menos igual que o texto existe a serviço do teatro. Não há razão nenhuma para dar à arte literária um *status* superior ao da arte teatral. Do ponto de vista do teatro, arte bem diversa da literatura, mercê da visualidade ressaltada pelo próprio nome, o texto é apenas um dos elementos de uma totalidade específica que lhes imprime – aos diversos elementos – função e sentido peculiares. O elemento literário deve ser respeitado, tanto quanto possível, quando se trata de um grande texto, mas não merece deferência exagerada na maioria dos casos. Seja como for, na medida em que o texto dramático recorre ao teatro e este àquele, ambos se tornam interdependentes. E nenhuma lei jurídica pode anular as leis estéticas.

O que acaba de ser exposto foi reconhecido não só por numerosos teóricos mas também por grandes dramaturgos. Assim, Hugo von Hofmannsthal, um dos maiores poetas da Áustria, libretista de Richard Strauss e autor de peças importantes, cita com plena aprovação uma conhecida tese do diretor Max Reinhardt:

> A fim de que uma peça possa obter o efeito máximo, é necessário que o poeta deixe espaço livre à arte do diretor, o diretor, ao ator e o ator, ao público: só na alma do espectador o jogo mútuo dos efeitos deve encontrar sua realização completa.

Goethe, enquanto diretor do Teatro de Weimar, não hesitava em manipular os textos que encenava. Falando da encenação do *Rei Lear*, a cargo de um famoso homem de teatro da época, de nome Schroeder, Goethe declara: "É verdade, ao eliminar as primeiras cenas do *Rei Lear*, (Schroeder) anulou o caráter da peça; mas ele tinha razão, pois nessas cenas Lear se afigura tão absurdo [...]" etc. Logo mais, Goethe acrescenta: "Há muitos anos se infiltrou na Alemanha o *preconceito* (o destaque é do articulista) de que se deveria apresentar Shakespeare palavra por palavra, ainda que os autores e espectadores morressem sufocados [...]". E conclui advertindo que dentro de poucos anos Shakespeare acabará expulso dos palcos alemães se os defensores da encenação literal vencerem − fato que, felizmente, não se deu. Os homens de teatro entenderam perfeitamente que o teatro vivo não pode ater-se sempre a uma pureza filológica excessiva. Não consideravam as eventuais modificações como "anticulturais" (para usar a expressão do sr. Dantas), já que as próprias modificações fazem parte do processo cultural.

No século XVIII, aliás, era costume apresentar tragédias de Shakespeare com *happy end*: quem ousaria admitir que ao fim de *Rei Lear* morresse a suave Cordélia, moça tão virtuosa e inocente? Tal piedade certamente não corresponde aos hábitos cênicos atuais. Todavia, podem-se considerar autênticas as encenações em que os versos shakespearianos surgem transpostos em prosa (coisa corriqueira durante séculos) ou em que os alexandrinos rimados de Racine aparecem reproduzidos por versos brancos, de metro iâmbico? Que vem a ser autenticidade nesse campo? Quem pensaria em traduzir Shakespeare para o português do século XVI a fim de obter os melhores efeitos museais? Alguém já conseguiu verter autenticamente, para outra língua, os complexos metros das tragédias gregas, contrapondo ainda o dialeto dórico dos coros à linguagem jônica dos diálogos?

É difícil encontrar textos dramáticos que, por qualquer razão, sobretudo também para atender ao apressado público ocidental e o fôlego dos atores, não precisem ser cortados – costume tradicional, ainda reforçado pelos melindres da censura. Entretanto, o que se afigura fundamental é que a pureza do texto, impositiva quando se trata de publicação em forma de livro (este, sim, mero veículo), se torna problema extremamente controvertido quando o texto se torna matéria de outra arte, que, longe de ser mero veículo, tem exigências criativas próprias. O texto, no caso, se funde completamente com a expressividade da voz do ator (o que implica dados individuais de inflexão, ritmo, dinâmica, intervalos, timbre etc.) e, ainda, com a expressividade visual de movimento, gesto, mímica, formando com todos esses momentos (e ainda com a cenografia, os figurinos, a iluminação etc.) uma totalidade nova, indivisível. Todos esses dados não são "marginais"; juntamente com o texto formam uma nova unidade que, precisamente como tal, "encontra a sua realização completa" na alma do espectador. Nesse todo, o texto sempre se oferece em certa medida interpretado, sobretudo pela mobilização das virtualidades sonoras e pela concretização visual das "universálias" de que se compõe o texto e que podem ser preenchidas, auditiva e visualmente, de incontáveis maneiras diferentes. Apesar

240

de o texto ser um só há uma infinidade de Antígonas possíveis (já mercê do aspecto físico das atrizes). O mesmo texto – que de fato é outro em cada caso por fazer parte de um todo diverso – deu origem a Hamlets barrocos, românticos, realistas, expressionistas, a centenas de encenações de tipo vário, as quais, mesmo quando se mantinham leais à letra, eram portadoras de um espírito diferente. Qual seria o "texto" autêntico?

A idéia de atribuir ao teatro uma função museal é decerto respeitável. De fato, mormente em escolas de arte dramática – o mesmo em escolas em geral –, tal tipo de teatro talvez deva ser cultivado ocasionalmente, apesar das dificuldades quase insuperáveis em recompor o gesto, a fala, o movimento do teatro autenticamente grego, shakespeariano, vicentino ou calderoniano. É que, no caso, não seria suficiente respeitar apenas o texto original. Se quiséssemos fazer um teatro realmente museal, não bastaria reproduzir exatamente o texto de Racine; este se encontra nos livros. Teríamos de reconstituir também a encenação da época e apresentar, portanto, as personagens gregas, romanas ou orientais nos trajes da época de Luís XIV, visto ter sido assim, sem nenhuma consciência histórica e museal, que Fedra, Ifigênia ou Hipólito apareciam no palco clássico. Ademais, nesse tipo de teatro arqueológico haverá sempre o perigo de se reconstituir parcialmente a casca em vez da vida que ela abrigava. E a possível autenticidade histórica seria paga com a inautenticidade certa da comunicação (que se perdoe o uso desta palavra exausta que precisa de vinte anos de repouso). Com efeito, esta, a comunicação, não teria a mínima semelhança com a original, sem dúvida espontânea e absolutamente destituída de qualquer "consciência histórica" ou "museal".

A verdadeira autenticidade do teatro não residiria neste encontro espontâneo entre palco e platéia? Ela não se revelaria precisamente nesta correspondência viva entre a cena atual, que comprova as virtualidades infinitas de reinterpretação e recriação dos grandes textos, e o público que reage intensamente (e não respeitosamente) ao que é de todos os tempos e, portanto, do nosso tempo também?

14. TEATRO EM CRISE

I

Fala-se atualmente com insistência de uma crise do teatro brasileiro. Empresários, diretores, autores, atores reúnem-se, debatem a crise, fazem levantamentos, analisam a situação, encontram-se assiduamente com o ministro de Educação e Cultura para apresentar reclamações, propostas, reivindicações, pedidos.

A crise de que se fala quase exclusivamente é de público: uma encenação normal raramente consegue atrair, nos dias comuns, mais que cinqüenta ou setenta espectadores, se é que consegue tanto. As iniciativas publicitárias, freqüentemente projetadas pela classe teatral, com o propósito de estimular o interesse pelo teatro em geral, ou permanecem projetos ou não têm êxito, por falta de verbas. Qualquer sabonete é lançado com recursos infinitamente superiores. É supérfluo falar das deficiências empresariais, da má administração, do espírito aventureiro (e por vezes heróico) de companhias que surgem e desaparecem. Até agora não se tentou recorrer, como em outros países, à organização de associações de espectadores para que estes, mediante mensalidades módicas, possam assistir a alguns espetáculos teatrais por ano. As lotações a preços reduzidos, vendidas a escolas ou aos universitários, clubes ou grupos profissionais, são remédios ocasionais e insuficientes, como são insuficientes as subvenções oficiais, compensadas por semanas de preços populares. Essas semanas populares, que em geral reúnem um número bem maior de espectadores que as sessões comuns, parecem comprovar, em todo caso, que existe certo potencial de público interessado no teatro, incapaz, todavia, ou não disposto a pagar de Cr$ 20,00 a Cr$ 30,00 por entrada (as meias-entradas para estudantes continuam ainda altíssimas, quando comparadas com as dos cinemas). Esse potencial de interesse, sobretudo entre os universitários, foi confirmado por uma pesquisa do Ibope[1]. Todavia, trata-se apenas de um potencial, cuja

---

1. Segundo essa pesquisa, publicada nos fins de 1969, ao todo 40% das pessoas preferem, como entretenimento ou ocupação durante a folga, a televisão, 15%, os livros, 8%, o rádio, 5%, o cinema e 2%, o teatro. No entanto, no grupo de 18 a 24 anos apenas 17% preferem a televisão; 10%, o cinema e 3%, o teatro; das pessoas de instrução superior apenas 20%, ao todo, preferem a televisão; 8%, o cinema e 7%, o teatro (pondo de lado outros entretenimentos, como excursões, festas etc.). Não tomando em conta problemas de transporte, preço etc., qual é o passatempo que diverte mais? A resposta dos estudantes ressalta o teatro: 8% votam em favor dele, apenas 6% em favor da televisão e do cinema (nas festas e reuniões, 26%; prática de esportes, 20% etc.) Apenas 4% dos estudantes escolheriam a televisão se tivessem que optar por apenas um entre os passatempos que lhes dão satisfação; 13% escolheriam o teatro, 22%, os livros, 7%, o cinema etc. Interessante é a resposta a uma pergunta que confronta apenas tele-

atualização é dificultada não só pelos preços (que, aumentados, reduzem o público, exigindo novos aumentos etc.), mas também pela dispersão dos teatros. Já que o "teatro de bairro", à maneira dos cinemas, é inviável, sua concentração numa "teatrolândia" por si só atrairia um público maior, além de resolver, graças à conseqüente densidade maior de trânsito, o problema dos aficionados que não possuem carro. Qual o cidadão (e, mais ainda, a cidadã) que, na atual situação de assaltos, se arrisca a perambular por volta da meia-noite por ruas de pouco movimento, à procura ilusória de um táxi?

As indústrias culturais, sobretudo a televisão e o cinema, naturalmente são uma concorrência poderosa, favorecida pelo fato de no Brasil, antes da expansão desses meios e artes, não se ter constituído um amplo público habituado a freqüentar teatros e por isso mesmo capaz de transmitir esse hábito em larga medida às próximas gerações. O cinema, também ameaçado pela televisão, tem pelo menos a saída de apelar a ela como veículo. As condições modificadas de recepção não parecem interferir profundamente na apreciação da obra cinematográfica. O espetáculo teatral, porém, não pode recorrer a essa solução; enquanto teatro, depende do confronto vivo entre atores e espectadores, isto é, da execução artesanal de cada espetáculo, não podendo ser reproduzido, gravado, fixado, multiplicado e difundido mecanicamente em

visão, cinema e teatro, omitindo outros passatempos: se tivesse que escolher entre um bom programa de televisão, de cinema e de teatro, a qual preferiria assistir em primeiro lugar? No total, 43% prefeririam a televisão, 30%, o cinema e 27%, o teatro. No entanto, entre o grupo de 18 a 24 anos, 24% prefeririam a televisão, 44%, o cinema e 32%, o teatro. Entre o grupo de 50 anos e mais, 64% iriam preferir a televisão, 14%, o cinema e 22%, o teatro. Entre os estudantes, 11% escolheriam a televisão, 37%, o cinema e 52%, o teatro (!). Os resultados dessa pesquisa (mesmo admitindo todas as reservas relativas a esse tipo de inquérito), mostram que o teatro, em condições favoráveis, suscita interesse considerável sobretudo entre os jovens, e principalmente entre os universitários e estudantes em geral.

escala industrial. Por isso a telenovela e mesmo o "tele-teatro" não são teatro no sentido preciso do termo, mesmo pondo de lado os recursos visuais específicos que os aproximam mais do cinema. Um homem de teatro como Grotowski confirma a precariedade da situação também na Europa: "Se um dia todos os teatros fossem fechados, uma grande percentagem do povo não tomaria conhecimento disso durante algumas semanas; mas se se eliminassem os cinemas e a televisão, toda a população no mesmo dia entraria em grande alvoroço"[2]. No Brasil, uma grande percentagem do povo não perceberia o fechamento dos teatros não só durante algumas semanas, mas provavelmente nunca.

Entretanto, a competição, evidente no campo do consumo, se manifesta também no da produção, principalmente por parte da televisão. São tão grandes as vantagens econômicas que ela oferece aos autores e atores (além de lhes dar uma acústica nacional) que seria infantil pedir-lhes a heróica abnegação de renunciar a essa fonte de rendas – isso pondo de lado outros motivos, já que não se pode deixar de apreciar com certo ceticismo as razões superiores freqüentemente alegadas: acabar com o elitismo, melhorar o nível da telenovela, fazer arte popular (como se a telenovela fosse arte popular), difundir amplamente doses homeopáticas de idéias críticas e renovadoras etc.; razões essas que, na maioria dos casos, se afiguram como meras racionalizações. Qualquer que seja o valor da telenovela e a importância que, em face dela, se atribua ao teatro, o fato é que a televisão lhe suga parte da força produtiva. O dramaturgo que entra na engrenagem da telenovela só com dificuldade consegue corresponder às exigências específicas do teatro, e o mesmo vale para o ator que, voando entre Rio e São Paulo, falha nos ensaios e por vezes mal pode atender às

2. Jerzy Grotowski, *Em Busca de um Teatro Pobre*, Civilização Brasileira, 1971.

próprias sessões teatrais. Sobretudo para o autor surgem ainda problemas mais sutis que lhe perturbam a consciência artística. Entregando à televisão uma produção por ele mesmo julgada menos exigente (o próprio ritmo de trabalho não permite um acabamento de alta qualidade e impõe – como a televisão em geral – o uso de esquemas consagrados), tem não raro a sensação de trair seu ofício de escritor. A pureza moral exigida lhe corrompe a pureza artística e, paradoxalmente, quem sabe, também a própria pureza moral, visto que o escritor não pode preservar esta sem lutar por aquela; e, ao amoldar-se ao tipo de integridade imposto, sente que se lhe desintegra a verdade da obra. Se ainda continua produzindo para o palco, procura nele recuperar o auto-respeito, dizendo na peça o que não pode dizer na novela: o resultado é que a censura lhe frustra o empenho, quando não é a autocensura que desde logo lhe aumenta as atribulações de consciência.

Dir-se-ia que os momentos da crise, acima enumerados, são em boa parte exteriores à própria arte cênica como tal, relacionando-se com a situação social do Brasil e, em parte, com uma crise cultural mais ampla, que, desde os fins da década de 1960, teria atingido também outras atividades artísticas, incluindo o cinema. Assim disse o cineasta Carlos Diegues, repetindo, em essência, o que foi dito por muitos outros artistas: "De uns cinco anos para cá, nossa cultura em geral entrou num círculo de decadência ou de silêncio. Essas causas não podem ser jogadas só sobre o cinema. Há crise no teatro e na música, na televisão e em todas as formas artísticas"[3]. Não haveria, portanto, nada de específico na crise teatral brasileira. Tendo origens mais gerais, ela no máximo se apresentaria agravada por alguns dos momentos apontados.

---

3. *Folha de S. Paulo*, 31 de julho de 1973.

II

A isso opõe-se a tese de que a crise do teatro não é aguda e sim crônica. Longe de ser passageira, apenas conseqüência de superáveis fatores acidentais ou exteriores à arte cênica como tal, ela decorre da própria essência do teatro, sobretudo do seu feitio artesanal. Esse feitio, além de ter enorme alcance socioeconômico, tal como já sugerido, lhe condicionaria toda a estrutura estética, de uma forma prejudicial à competição com os espetáculos industrializados.

Tais concepções pessimistas se manifestam difusamente há bastante tempo, mesmo entre profissionais do teatro. Em 1964, por ocasião de um congresso no Rio de Janeiro, João Bethencourt, dramaturgo e diretor competente, além de lamentar a fragmentação do público e a conseqüente fragmentação de tipos teatrais (comercial, cultural, experimental, político etc.), exprimiu dúvidas acerca da possibilidade de a linguagem teatral, desesperadamente obsoleta, se manter ainda válida em face da expressão cinematográfica, muito mais do nosso tempo.

Não faltam os que afirmam que o teatro estaria agonizando pelo menos enquanto espetáculo artístico profissional (o que não invalidaria suas funções educacionais, amadorísticas, lúdicas ou mesmo terapêuticas em escolas ou institutos psiquiátricos). Todavia, como espetáculo, estaria moribundo mesmo nos países em que ainda parece florescer graças a hábitos multisseculares e a uma longa tradição a qual, no entanto, cada vez mais é galvanizada por meios artificiais, com o fito de "preservar os bens culturais", consumidos quase exclusivamente por uma classe média em busca de *status*. Precisamente seu feitio artesanal, profetizam as Cassandras, pelo qual se distingue das indústrias culturais e que lhe proporciona a unicidade de contato direto com a audiência – privilégio que implica a comunicação com *feedback* imediato, seria ao mesmo tempo a razão da sua falência inevitável, também em termos estéticos.

Decorre desse feitio que a mediação do mundo representado no espetáculo teatral tem de fundar-se na presença física do ator, portador principal dos signos teatrais – gestos, movimentos, trajes, mímica, canto, palavras etc. O papel do ator, principalmente no cinema, é muito menos exclusivo. Fundado na imagem (como a televisão), pode deter-se longamente no mundo anônimo das coisas que condicionam o homem (pense-se nas longas seqüências finais de *Eclipse*, de Antonioni, em que aparecem somente paisagens urbanas, trânsito, e algumas sombras humanas anônimas, água escorrendo etc.). Também o o romance, fundado na palavra (tipograficamente fixada e multiplicada), pode cercar as personagens de amplas representações de ambiente, paisagem e coisas. Se nessas artes o mundo e o homem são constituídos por imagens ou palavras, no teatro é o homem – o ator/personagem – que constitui as palavras e o mundo (precariamente apoiado pela cenografia). Ora, como mediadoras do mundo a palavra e a imagem são inesgotáveis. O homem, ao contrário, é – segundo os profetas da morte do teatro – um mediador pobre do complicado mundo moderno. A presença física do ator escraviza a personagem fictícia, limita o próprio uso da palavra, tolhida na sua liberdade pelo diálogo e por ficar grudada num corpo, e miniaturiza o universo, reduzindo-o a medidas humanas, o que seria uma verdadeira perversão ontológica.

Pelo exposto, a representação e interpretação teatrais da complexa realidade contemporânea, ao nível da consciência atual, se defrontariam com tremendas dificuldades. O mundo planetário de hoje cabe no palco? O inconsciente (indispensável, segundo alguns, à interpretação do comportamento humano) cabe no diálogo? Muitas das inovações do teatro moderno, na medida em que se afiguram relevantes e não meros jogos de um

249

vanguardismo falso e estéril, são em essência tentativas de assimilar as novas realidades e a nova visão à estrutura cênico-dramática do teatro; visão que antecipa, acompanha ou resulta das enormes transformações sociais e técnicas, assim como das concepções científicas e filosóficas do nosso tempo. Strindberg foi um dos primeiros a romper, em algumas peças da última fase, com os padrões dramáticos tradicionais, principalmente com a unidade da personagem (que se desdobra e fragmenta em projeções oníricas), com as unidades de ação, tempo e lugar, e mesmo com a convenção fundamental do diálogo interindividual. Transformando o palco em espaço interno de uma mente ou memória (como logo iriam fazer os expressionistas e seus seguidores), conseguiu revelar planos mais profundos da consciência. Outros tipos de teatro, mormente o "épico" (Brecht, Wilder e outros), ampliam o mundo representado, sobretudo através de processos narrativos que ultrapassam o diálogo interindividual. Projetam-se filmes (Piscator etc.), rompe-se a linearidade da ação, montam-se livremente quadros e cenas, sem encadeamento rigoroso – tudo isso para apreender e interpretar, no reduzido espaço do palco, aspectos mais vastos do mundo moderno ou mesmo de um mundo passado, porém enfocado pela consciência contemporânea.

Mas, argumentam os pessimistas, será que todos esses esforços e inovações oferecem soluções realmente satisfatórias? Nosso "mundo administrado" é imensamente complexo: o teatro não pode representá-lo – no máximo pode mostrar os efeitos sobre alguns indivíduos possivelmente representativos. Engrenagens políticas intricadas, organizações de massas, enormes processos coletivos transcendem o indivíduo, e o teatro não pode apreendê-los. Eventos decisivos ocorrem numa zona anônima, e o teatro precisa personificar e concretizar em termos cênicos. As relações determinantes são intercontinentais, e o palco dispõe de poucos metros quadrados.

250

Como Brecht dizia: "Ao petróleo repugnam os cinco atos" ou "Pode-se falar sobre o dinheiro em alexandrinos?" Poder-se-ia prosseguir indagando: é possível, mesmo através de um teatro que aboliu os alexandrinos e os cinco atos, adotando os processos mais modernos, apresentar, de modo teatralmente eficaz, as relações que ligam a Bolsa de Nova York aos conflitos na África (o que implica não se falar ou dialogar apenas "sobre" o tema, mas torná-lo ação e movimento cênico expressivos)? É possível apresentar no palco o "sistema dos objetos" de que o homem tende a tornar-se objeto? O teatro não possui os recursos do cinema que, com algumas tomadas, com fusões, câmara subjetiva, *travellings, flashbacks*, pode desvendar os mistérios da memória, mostrar operários operando engenhos monstruosos, inserir massas imensas no universo metropolitano dos arranha-céus ou fazer significar os objetos, magnificados pelo *close-up*.

O teatro, enfim, tem de reduzir tudo, senão aos cinco atos e aos alexandrinos, de qualquer modo ao movimento de alguns atores, dentro de um cenário de pouca mobilidade, e às palavras acorrentadas a eles, ao passo que no cinema as imagens constituem e medeiam, com extrema liberdade, mundos e seres humanos, sem serem limitadas e escravizadas pela presença carnal e espaço-temporal dos atores. O cinema, em última análise, pode mostrar tão bem como o teatro os barcos inclinados (de que fala Brecht); mas além disso pode apresentar, bem melhor que o teatro, mesmo épico, a tempestade que os faz inclinar.

Os pessimistas tampouco atribuem grande valor ao contato vivo entre palco e platéia, ao tão exaltado privilégio da realimentação criativa com que um público ativo inspira o elenco (quando não o desalimenta pela apatia), a ponto de o espetáculo estar se fazendo em cada sessão, como fenômeno irrepetível ("eis a verdadeira obra aberta!").

Ultimamente, para aproveitar ao máximo esse privilégio (anulado pelos processos industriais), o teatro tem feito o possível para desrespeitar a fronteira que separa palco e platéia: os atores, provando que não são apenas imagens ou *fantomas*, mas perfeitamente reais, descem para a sala e agridem o público; este, por sua vez, sobe à cena, formando com eles "correntes" para juntamente melhor captarem as "vibrações cósmicas". José Celso Martinez Corrêa, proclamando a morte do teatro, coloca em seu lugar, *Gracias, Señor*, o *TE-ATO*, onde um público "envolvido" e "re-ritualizado" é forçado a se iniciar em ritos orientais herméticos. Em outros espetáculos é-lhe proporcionado o prazer de dar pulinhos juntamente com dionisozinhos barbudos e vestidos de cueca Zorba. Você está sentado placidamente na platéia, ao lado de sua senhora, quando de repente uma atriz lhe pespega uma violenta mordida nos lábios, demonstrando a semiologia do beijo fatal. Entre suas pernas corpos suados de atores despidos, treinados em "laboratórios" psicodramáticos, de criatividade e de expressão corporal, estrebucham e se contorcem, salpicando você com farta baba saindo de bocas arreganhadas. Não se justifica o pessimismo?, perguntam os pessimistas. Pode haver melhor prova da crise teatral que esse uso estúpido e desesperado de um privilégio de que tanto se vangloriam os homens de teatro?

III

Essa visão lúgubre do teatro, por mais excessiva e unilateral que seja, merece ser objeto de sérias reflexões. É, aliás, à base de pensamentos semelhantes que Grotowski chegou às teses do seu "teatro pobre". "Em nossa época [...] a morte ameaça o teatro, na medida em que o cinema e a televisão invadem seu domínio. Isso faz com que examinemos a natureza do teatro, como é que ele se diferencia das outras formas de arte, e o que é que o torna insubstituível"[4]. O famoso diretor polonês chega à conclusão de que, visto o teatro ser incapaz de atingir a desenvoltura técnica do cinema e da televisão, não vale a pena imitá-los, acumulando recursos e fazendo teatro rico. "O teatro deve reconhecer suas próprias limitações. Se não pode ser mais rico que o cinema, então assuma sua pobreza. Se não pode ser superabundante como a televisão, assuma seu ascetismo." À base dessa disjunção altamente discutível e por via da eliminação de tudo o que não é indispensável – até o texto seria secundário –, o teatro pobre chega aos dois únicos elementos realmente essenciais: o ator e o espectador. Daí Grotowski definir o teatro como o que "ocorre entre o espectador e o ator". Infelizmente, Grotowski não conseguiu explicar bem o que ocorre (a formulação precisa não é seu forte), mas certamente pensa num encontro e numa revelação mais profundos do que os estimulados por pulinhos ou beijocas coletivas ou por rituais artificiais que constrangem todo mundo e que só alguns *hippies* de verão levam a sério. O fulcro do problema é que ninguém sabe exatamente o que fazer com o contato direto entre palco e platéia, em face da heterogeneidade dos públicos e dos próprios elencos e em face da mediocridade profissional da maioria das "criações coletivas", que em geral só podem dirigir-se a minúsculos grupos afinados com as tendências mais ou menos místicas dos respectivos coletivos.

Grotowski, de qualquer modo, chega a partir daí a responder com um vigoroso "sim!" a "pergunta DE TODO MUNDO" (a expressão é do próprio Grotowski): Sim, o teatro é necessário! Talvez se deva dizer, mais modestamente: O teatro continua sendo uma arte importante, quer seja pobre, quer rico – independentemente das teses grotowskianas sobre a "cena ascética" e o "ator santo" que se oferece em holocausto.

4. Grotowski, *op. cit.*

O erro de Grotowski e dos pessimistas citados parece residir na tendência de formularem dogmas ou presságios sinistros à base da comparação do teatro com o cinema etc. Porque o cinema é rico, o teatro deve ser pobre; porque a televisão usa recursos técnicos avançados, o teatro deve se despojar deles; porque o cinema pode o que o teatro não pode, este deve insistir no que pode e no que o cinema não pode. As comparações são extremamente úteis, mas não devem fazer depender o teatro, no que faz e no que não faz, das virtualidades de outras artes.

Através dos tempos o teatro sempre adotou invenções técnicas para ampliar suas possibilidades (luz a gás, luz elétrica, palco giratório, fotomontagem, projeções etc.). O fato de não poder competir nesse domínio com as indústrias culturais não impede que recorra a tais recursos e, apesar disso, continue integralmente teatro. O que se esquece, nesse tipo de comparações, é de ressaltar que o teatro é uma outra arte, oferecendo espetáculos radicalmente diversos na estrutura, além de se comunicar de um modo distinto. A câmara, seus movimentos e enfoques, seus planos e a montagem deles, recortam o mundo ficcional (e mesmo a realidade documentada) e apresentam desse mundo parcelas, imagens seletivamente manipuladas: a câmara narra e descreve, mediando as personagens e seu ambiente como o narrador de um romance. O palco, ao contrário, se apresenta em cada cena integralmente, aberto no seu todo ao público, sem mediação de um narrador ou de imagens selecionadas (mesmo no teatro épico o enfoque narrativo surge só de forma adjetiva). Cabe então ao público a tarefa de assumir a atividade da câmara, selecionando e focalizando o essencial e preenchendo com sua imaginação – em maior grau que no cinema, que, contudo, é muito elíptico e muito exigente nesse sentido – os vazios deixados por uma arte em que só marginalmente se manifesta a função narrativa (na qual permanece sempre um pequeno resto da avozinha contadora de histórias, por mais complexas que se tenham tornado as avós atuais). Além da profunda diversidade no interior da própria linguagem visual, a proporção entre linguagem visual e verbal, no cinema e no teatro (declamado), é mais ou menos inversa. Decorrem daí tipos de comunicação diferentes que solicitam, em grau diverso e de um modo diverso, a colaboração das várias funções mentais. No palco tudo depende de seres humanos se defrontando, seres sem dúvida quase sempre situados pela cenografia, mas sem a imensa variedade de mundo apresentada pelo cinema. Esse fato, além de exigir em alta medida a atividade preenchedora do público (a quem cabe, à base de poucas sugestões, acrescentar a tempestade que faz inclinar os barcos), faz com que ressaltem com pureza excepcional a ação dramática e os conflitos humanos.

Há muitos tipos de teatro, entre eles a respeitável e bela arte da pantomima, que, graças ao seu código peculiar, dispensa a palavra. Todavia, uma das maiores monstruosidades, entre as que atualmente grassam no teatro, é querer substituir a palavra pela "expressão corporal" (que nada tem a ver com a pantomima), expressão indispensável ao ator, mas perniciosa quando proposta dogmaticamente como substituta da expressão verbal. O desprezo pela palavra e literatura, pregado hoje por gente de teatro (por exemplo, os chefes do Living Theatre, na sua fase atual), é um verdadeiro crime contra o teatro. Este, não sendo evidentemente literatura, nem "veículo" dela – já que cria sobre o texto, com mais ou menos liberdade –, tem nela um de seus mais poderosos recursos.

O acervo sempre crescente de grandes peças ao seu dispor, esperando por serem interpretadas, moldadas, concretizadas e recriadas pela encenação, representa uma imensa riqueza, com a vantagem de a encenação atualizar mesmo obras antigas, de outros países, em termos contemporâneos e nacionais ou mesmo regionais.

Nesse sentido o teatro é uma arte de certo modo mais viva que o cinema: mesmo os filmes famosos, passadas algumas décadas, se tornam museais, visto fixarem gestos, maquilagens, gostos, comportamentos extremamente fluidos e rapidamente envelhecidos. Quem reviu Greta Garbo em *Madame Valeska*, honestamente, não podia deixar de ficar horrorizado com as cinco poses, as duas risadas e a péssima postura da estrela – para não falar do *kitsch* restante. E é preciso ser muito cinéfilo para, pondo de lado a consciência e o interesse históricos, apreciar sincera e espontaneamente, como obra de arte, um filme como *O Gabinete do Dr. Caligari*. A comparação talvez seja um pouco maliciosa (devido à relação diversa entre peça e encenação, de um lado, e argumento, roteiro e filme, de outro), mas de qualquer modo a *Antígona*, com a vetusta idade de dois mil e quinhentos anos, é perfeitamente atual numa boa encenação contemporânea. A capacidade de transformar, moldar, adaptar cada "peça" – "sob medida" – para um público determinado e diferenciado, é a vantagem do artesanato que não fabrica "roupa feita", como ocorre, na maioria dos casos, na produção das indústrias culturais. Esse fato impõe ou imporia grandes tarefas e grandes responsabilidades ao teatro. Por contradição, porém, é quase impossível que corresponda a elas junto aos públicos que mais precisariam do antídoto teatral, com sua freqüente ruptura de esquemas consagrados, com seu arrojo no propor problemas, com sua visão crítica, com sua indagação muitas vezes levada às últimas conseqüências, mercê da dialética contundente do diálogo. Como o teatro popular, apesar de mil tentativas heróicas, continua um sonho – mesmo na França o operário só vai ao teatro para construí-lo, segundo o *mot* de Planchon –, resta apenas a esperança de Peter Weiss de que o efeito da atividade teatral, apesar de alcançar diretamente um público muito restrito e muitas vezes errado, se difunda de forma indireta, como fator cultural que atua por mil canais diversos, por uma espécie de osmose social entre círculos mais amplos.

Diga-se o que quiser, é impossível negar que houve, ainda nos últimos anos, momentos em que o teatro, ultrapassando o âmbito estritamente artístico (e a arte teatral, quanto mais teatro e arte é, tanto mais tende a transcender-se), foi uma força das mais vibrantes, instigadoras e fecundas do movimento cultural brasileiro. Criações como *Arena Conta Tiradentes* ou *Feira Paulista de Opiniões* ou algumas encenações de José Celso, anteriores ao desvio de *Gracias, Señor* (pense-se no *Rei da Vela* ou *Na Selva das Cidades*); o aparecimento de um dramaturgo excepcional como Plínio Marcos, seguido de autores talentosos como Leilah Assunção, Consuelo de Castro, José Vicente, Antônio Bivar e outros, nem mencionando a presença atuante de dramaturgos veteranos como, por exemplo, Giafrancesco Guarnieri (*Castro Alves Pede Passagem*), tais e outros eventos cênicos ou manifestações de criatividade, há poucos anos atrás, comprovam a vitalidade do teatro brasileiro e sua importância artística e cultural. Talvez só o surto do Cinema Novo possa comparar-se, como corrente artística compacta de grande relevância cultural, ao movimento cênico dos fins da década passada. A crise do teatro, esperamos, não é crônica e de essência, como afirmam os pessimistas mencionados, e sim de ordem acidental , por assim dizer meteorológica:

Sei que há um céu sobre esta chuva
E um grito parado no ar...

cantam as personagens da obra em que Guarnieri apresenta o drama do teatro brasileiro atual. Ao vermos, no palco, o drama do palco, vemos bem mais, se preenchermos bem, como cabe ao público teatral; pois apesar de tudo ainda vale a velha palavra de que as tábuas do palco representam o mundo.

Impresso nas oficinas da
Bartira Gráfica e Editora Ltda.
em agosto de 2008